约翰-科尔曼博士

超越阴谋
揭开看不见的世界政府的面纱

OMNIA VERITAS

约翰-科尔曼

约翰-科尔曼（John
Coleman）是一名英国作家，也是秘密情报局的前成员。科尔曼对罗马俱乐部
、乔治-
西尼基金会、福布斯全球2000强、宗教间和平座谈会、塔维斯托克研究所、黑
人贵族和其他与新世界秩序主题接近的组织进行了各种分析。

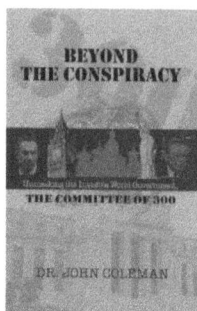

超越阴谋
揭开看不见的世界政府的面纱

BEYOND THE CONSPIRACY
Unmasking the Invisible World Government

译自英文，由Omnia Veritas有限公司出版。

© Omnia Veritas Ltd - 2022

www.omnia-veritas.com

出版商的免责声明

有的段落和款次是重复的。**由于**该书主要由文章汇编而成，我们保留了这些文章，确信这些少量的重复不会损害对它们所引起的主题的理解。

序言

我希望读者已经熟悉我的《*阴谋家的等级制度*》一书，这
是一部**关于**300人委员会的历史，[1]，该书于2007年1月出版
了第四版。要设想这本书的范围可能也很困难。事实是，
公众中很少有人有足够的手段来理解那些似乎遥不可及、
与我们的直接经验隔绝、由于我们的知识有限而无法理解
的事件。因此，我们错误地认为这不可能是真的。在这样
的背景下，普通人无法**确定地看到在国家和世界其他地方**
发生的不可逆转的变化，几乎总是恶化的，他们也无法想
象这些变化是阴谋的结果，更不用说开始理解它们是一个
蓄意的计划的一部分，以带来预先注定的动荡。这些刻意
的改变并不被认为是这样，因为大多数人并不这样认为。
家庭生活的连续性结束了；失去了几代人的　　　　"家庭
"工作（例如在汽车厂）；被迫离开我们所爱的社区，离开
朋友、教堂和所有熟悉和舒**适的**东西。普通人从来没有把
他生活中的这些动荡和扭曲归因于任何其他事情，而只是
偶然。他根本不了解情况，无法想象发生在他身上的事情
只是偶然。

英国作家和军情六处特工威尔斯（H.G.
Wells）在他的《公**开的阴**谋》（*The* 　　　　　　　 *Open
Conspiracy*）一书中写道："普通人
"对秘密组织的误解，正如布兰代斯法官的传记作者雅各布-
马斯（Jacob

---

[1]*阴谋家的等级制度 - 300人委员会的历史*, Omnia Veritas Limited,
www.omnia-veritas.com.

Mass）博士所言，秘密协议是很难获得确切信息的，直到它们消失在时间的档案中，当人们适合撰写回忆录的时候。

纵观历史，人们经常指出，大多数国家的普通人除了谋生、**养家和从事一份能**实现这些目标的工作外，几乎没有时间用于其他事情。这使他很少或没有时间处理政治、经济问题或其他影响他和国家生活的重要事务，如战争与和平。

政府知道这一点。那些在许多不同的前线组织背后运作的高度组织化的团体似乎也是如此，他们总是比公民占上风。普通人不知道的是--可能永远也不会知道--所有重大历史事件都是由周围完全谨慎的人秘密策划的。Gérard Encausse博士在其1914年4月14日的《*神秘主义*》一书中这样说。

> 除了**每个国家的国**际政治之外，还有某些不起眼的组织。参加这些理事会的人不是专业的政治家，也不是衣着光鲜的大使，而是一些不知名的人，伟大的金融家，他们比那些虚荣的、短暂的、幻想自己能治理世界的政治家要高明。

英国东印度公司的成员就是这样一个群体，他们的祖先来自于起源于摩尼教巴比伦的凯撒人、波戈米尔人和阿尔比根人，他们不仅成为英国的控制者，而且成为整个世界的控制者。纵观历史，其中一个共同点是人类对控制的渴望。无论研究什么社会结构，总是有一群特定的人，他们对控制的需求是最重要的，他们在秘密社团中团结起来。因此，任何试图揭露这些社会的人都会将自己置于危险之中。

这就是为什么300人委员会在向广大美国人民隐瞒其存在方面如此成功的原因之一，以至于他们现在不敢在公开场合超越**阴**谋。显然，少数研究人员认为，必须有某种更高层次的协调和控制机构，监督和协调 "地方一级

"机构的活动，联邦储备银行只是其中之一。它们通常被归入 "秘密社团 "的标题下。

本书的目的是超越阴谋，打开这些秘密社团的大门，找出人类真正的管理方式，以及由谁管理。

*　*　*

我感谢我的工作的许多朋友和支持者，他们给了我很大的帮助，使我克服了对它的攻击，并在困难时期慷慨地提供了财政支持；这使我能够在强烈的反对下出版这本书。

本书介绍了1972年在意大利贝拉焦举行的名不副实的宗教间和平座谈会上向与会者透露的一个世界政府总计划。名不副实的和平总计划首先在南斯拉夫实施，目的是将其作为一个民族国家摧毁。这就是为什么这本书的大部分内容是关于在那里发生的事情，因为它是未来针对主权国家和人民的行动的一个 "模型"。

伊拉克很可能是最后一个被一个世界政府军事力量入侵的国家。根据征服南斯拉夫的经验教训，阴谋观察家的观点是，推翻米洛舍维奇的计划是未来顽固不化的政府被束缚的方式。因此，详细研究近年来为摧毁南斯拉夫而采用的方法和战略，是最重要的。

约翰-科尔曼博士，2007年9月

第一章

泛神论和神论的全球主义者的崛起

近三百年后，这些家族中最重要的是洛克菲勒家族，他们拥有并控制着洛克菲勒-标准石油王朝。正是这个网络被"300   "所利用，通过罗斯福推出了费边社会主义"新政"，并剥夺了美国人民的黄金。这些家庭中的大多数，虽然对外宣称是基督教，但却是泛神论者、诺斯替主义者、**玫瑰十字会和神**论世界主义者。他们的哲学是明显的社会主义。

如果考虑到其中一些家庭的祖先可以追溯到再洗礼派和威克里夫洛拉德派，他们的政治是明显的共产主义，尽管共产主义作为一种既定的教义还不存在，这一点就最好理解。有一派观点认为，他们当中有在宗教裁判所期间从巴尔干半岛逃到新世界的波戈米尔人的成分，也有一些哈扎尔人的后裔，这是一个源自印度-土耳其的野蛮**种族**，**居住在俄**罗斯伏尔加河下游，直到他们被迪米特里-顿斯科伊王子领导的莫斯科王子赶出去。

据说洛克菲勒家族和阿斯特家族是从小亚细亚移民到美国的，这种外国种族和文化的混合可以追溯到摩尼教。(*洛克菲勒国际主义者，伊曼纽尔-约瑟夫森 1952*)

东印度公司，其宪章由君主国授予，其继任者，英国东印度公司的人，曾经给基督教福音派提供补助。洛克菲勒和他的同路人紧随其后，宣传基督教的福音，以掩盖他们的真实意图，即在美国获得政治权力，然后在全世界获得政治权力，老约翰-D-洛克菲勒就证明了这一点。

在美国，是英国东印度公司赞助的基督教原教旨主义者约翰-纳尔逊-**达比**（John Nelson Darby）以 "派遣主义"为名，得到了中国内地传教会的青睐；在南非，在英布战争之前，是伦敦传教会，它在1899年通过政治干预挑起了这场战争。所有这些基督教组织似乎都有充足的资金。贵格会在革命战争期间建立了共产主义类型的公社，并得到了威廉-奥德里奇（纳尔逊-奥德里奇-洛克菲勒的祖先）的大量财政支持。

罗斯柴尔德家族的成员是致力于在美国建立中央银行的主要**阴**谋者，这明显违反了美国宪法禁止这种机构的规定。我们所看到的联邦储备银行的建立是巩固了300人委员会对美国的控制。

它遵循美国的外交政策，美国在19世纪进行的战争（包括1898年的美西战争和现在的所谓反恐战争）成功地扩大了卡特尔对世界经济的控制。如果没有美国中央银行的成功建立，1912年之后的所有战争都不可能得到资金支持。美国内战是为了决定对美国经济的控制而进行的。奴隶制问题并不重要；北方对奴隶制并不关心。许多联邦军队的将军都是奴隶主，林肯的妻子林肯夫人也是如此。内战和所有战争一样，是为了经济问题而进行的。奴隶制是一个红鲱鱼，不是战争的根本原因。美国人很容易被他们对政府的信任所欺骗，不知道这场悲惨战争的真正原因。

让我再次明确：所有战争的起源和目的都是经济战争。如果南方的公民愿意，南方完全有权利分离，因为南北之间存在经济问题。其含义是，美国积累其作为 "唯一超级大国"的国际地位是偶然的，而不是故意的。支持相反观点的论点引起了对 "**阴谋论**"受害者的嘲笑性指责。

令人欣慰的是，美国人认为利己的个人和组织不可能为实现共同的事业而进行阴谋合作。当J.P.摩根把美国铁路公司的所有者带到谈判桌前，并达成竞业禁止协议时，这并不是偶然。*事实上，这是个阴谋。*美国的战争没有一场是意外，它们的利润远远超过了将被公开的程度。美国在二战结束时没收了数十亿美元的德国和日本的战争财物。杜鲁门总统有意识地决定不向公众透露此事，也不在敌对行动结束后将其遣返。相反，它过去和现在都被用于资助秘密行动。

人们普遍认为，由于西奥多-罗斯福的讨伐，在二十世纪的第一个十年里，备受厌恶的托拉斯被拆除了，这当然是毫无根据的。毫无疑问，罗斯福利用他反对 "大企业"的公开立场，从他所攻击的商人那里获得竞选资金。这可能解释了为什么他后来签署了一项法律，废除了对这些商人的刑事处罚。这是贯穿 "自由派"、"保守派 "和 "进步派"美国总统的共同线索。富兰克林-D-罗斯福希望作为结束大萧条的受压迫者的冠军而被人们记住。他建立了国家的社会保障体系，该体系的资金实际上来自于对受益人征收的高度累退税。公司的配套捐款被允许作为税前商业支出扣除，这只是通过从损失的税收中为公司份额提供资金，扩大了该计划的累退性质。罗斯福是一位杰出的政治家，他以压倒性的优势赢得了一项他从未打算实施的改革方案。

事实上，他的做法恰恰相反，他宣布了国家经济紧急状态，绕过了法院对其权力的任何宪法挑战。他迅速无视政府债券合同中的黄金条款，并在1934年创建了外汇稳定基金（ESF）[2]；表面上是为了促进美元在外汇市场上的稳定，但它免于国会问责，只对总统和财政部长负责。简而言之，它是一个未申报的基金，可以动用联邦政府的信贷，这是一种违宪的、非常危险的做法。

ESF的创建是导致1914年美联储创建的同一逻辑的延伸。后者，即美联储，也是为了应对一场危机而创建的：1907年的崩溃。华尔街传奇人物将J.P.摩根的天才和爱国主义归功

---

[2]外汇稳定基金，译者注.

于拯救国家。在现实中，崩盘和随之而来的萧条使摩根得以消灭他的竞争对手，购买他们的资产，并在此过程中向全国和全世界**揭示了**华尔街和摩根的国际银行是多么强大。

并非所有人都心存感激，一些人要求采取立法行动，将联邦信贷和国家货币体系置于公共监督和控制之下。在一场政治技巧的**运动**中，联邦储备局于1912年由国会的一项法案为此目的而创建。但是，通过建立一个由银行拥有的私人公司，国会实际上把比以前更强大的地位让给了银行。即使在今天，人们也没有很好地理解，美联储是一家私人公司，由它名义上监管的利益集团拥有。

因此，美国联邦信贷和货币体系的控制，以及由此产生的**丰富的特**权信息流，都是隐藏在公众视野之外，秘密控制的，这也部分解释了美联储主席的狮身人面像。人们普遍不理解的是，这些机构中的每一个都是在公开藐视美国宪法的情况下成立的，从而大胆地表明，**阴**谋不再需要隐藏。国会中只有一个人承认，美联储是一个违宪的、因此是非法的实体。

国会议员路易斯-T-
麦克法登就是这样的人。他对美联储提起诉讼，声称美联储从美国人民那里偷走了数十亿美元，并要求归还这些钱。但麦克法登在他的诉讼进入法庭之前就被谋杀了，所以没有任何结果。与美联储一起的另一个违宪行为是1949年的《中央情报局法》，该法建立了一个预算机制，允许中央情报局想花多少钱就花多少钱，"不考虑与政府资金支出有**关的法律**规定和条例"。简而言之，中央情报局有办法在国家安全法的屏障下资助任何东西--
合法或非法，而国会却袖手旁观，任由这个违宪组织篡夺其权力，而不举手制止这种违反美国宪法和丧失其权力的可悲行为。

第二章

毒品交易

对大多数读者来说，认为贩毒和股市之间可能存在积极的联系似乎很奇怪，但考虑一下：在20世纪90年代末，美国司法部估计，进入美国银行系统的这种贸易收益每年价值5 000亿至1万亿美元，或超过国内生产总值（GDP）的5-10%。犯罪所得必须进入合法渠道，即合法渠道，否则对持有者没有价值。如果还假设银行系统收到1%的处理佣金，那么银行从与毒品有关的活动中获得的利润约为50-100亿美元。

如果我们将花旗集团目前约15的市场倍数应用于这个数字，我们得到的市值在650亿至1150亿美元之间。因此不难看出，非法毒品交易对金融服务业有多么重要。事实证明，这种非法利润的交易集中在四个州：得克萨斯州、纽约州、佛罗里达州和加利福尼亚州，或四个联邦储备区：达拉斯、纽约、亚特兰大和旧金山。我们能认真假设美联储不知道这一点吗，即使司法部知道。毕竟，他们是管理流量的人，必须知道流量来自哪里。

美联储保持沉默的一个原因是，政府机构本身已经参与毒品交易六十年或更久，正如我在《毒品交易从A到Z》一书中详细解释的那样。要了解中央情报局和其他机构使用的黑色预算，就必须了解美国为了追求海外战略目标而向出口商**开放美国毒品消费**市场的做法。麻醉品的便携性和生产与销售点之间价格的巨大增长使其成为秘密行动特别有用的资金来源。最重要的是，销售毒品的收益完全在常规和宪法规定的资金渠道之外。这在一定程度上解释了从哥伦比亚到阿富汗等世界各地冲突地区的毒品贩运情况。例如，自北约部队介入阿富汗的敌对行动开始以来，罂粟种植和原料鸦片生产从每年3,000吨增加到6,000吨。

然而，对毒品贩运在销售点对社区和经济的影响的研究却很少。例如，考虑对房地产市场和金融服务的影响。房地产是一个有吸引力的部门，可以利用来自毒品销售的多余现金，因为作为一个行业，它在洗钱方面完全不受监管。由于现金是一种可接受的，而且在某些地方是人们熟悉的支付方式，大笔资金可以很容易地被处理掉，而不会有太多的评论。这可能并确实导致了当地需求的严重扭曲，这反过来又助长了房地产投机和为其融资的信贷需求的增加，并为投机和欺诈提供了大量机会。

20世纪80年代的伊朗反政府武装事件包含了所有这些因素；虽然许多人知道向伊朗出售武器是为了提供现金资助中央情报局支持的尼加拉瓜游击队和萨尔瓦多的行刑队，但他们不太清楚当地金融机构和美国银行业的毒品销售利用了 "非法"活动产生的现金，同时使洗钱成为可能。而当一家银行倒闭时，股东、未投保的储户和纳税人就会买单。贩毒创造了一种环境，在这种环境中，从事非经济活动的动机要比从事经济活动的动机大。简而言之，偷窃的利润要比遵守规定的利润高。

政府的力量，加上计算机技术的进步，在过去的四十年里，已经使管理国家--以及延伸到国际--的现金流变得更加容易。

美国在第二次世界大战中的胜利导致整个西方国家及其附属国被纳入1944年在布雷顿森林谈判的国际货币基金组织（IMF）。45年后，1989年苏联的解体意味着，历史上第一次在国际舞台上没有其他货币或政治选择。大英帝国之所以向美国人投降，正是因为美国提供了一种替代英镑的货币，即美元。

今天，美国主持着一个或多或少完全封闭的基于美元的全球货币体系。在实践中，这意味着系统内的国家必须以石油和天然气等自然资源、制成品和商品的形式与美国卡特尔交换实际价值，以换取美元，而美元只不过是凭空产生的簿记条目。这就好比一个没有资产的公司用稀释的股票换取现金，这不是偶然的。这是19世纪J.P.摩根王朝成功为美国工业和金融业的整合提供资金的一种受宠技术。

他们的继承人正忙于做同样的事情，但在全球范围内。而且这一切都发生在公开场合，超越了阴谋的阶段。由于其独特的金融控制，美国能够开展代价高昂的全球军事冒险，其结果远非确定。这标志着五十多年来持续的公开和秘密战争达到了顶峰。它得到了历史上最复杂的金融机器的支持，能够调动各种公开和秘密活动所产生的现金。其代价是美国经济本身逐渐空洞化，公民自由和法治逐渐受到侵蚀。这也将是这个共和国的结束。

所有的战争都是以虚构的情况开始的

战争党通常能够通过对政治进程几乎不可动摇的控制来维持对美国外交政策的控制。它通过对两党制的掌握做到了这一点，两党制将民主党和共和党奉为美国选民的唯一两个真正的选择。即使在美国人民反对干预主义的时候--
例如，在第二次世界大战前夕--
亲战的精英们也操纵了政治进程，并确保向选民展示两个而不是一个战争贩子候选人。1968年，在越南战争最激烈的时候，一个精心策划的代表选拔过程将尤金-
麦卡锡从民主党总统提名中剔除。在总统政治中，该系统只在乔治-
麦戈文的情况下失败过一次，此后一直以无情的效率工作，**确保美国人民**永远不必对美国外交政策的方向进行投票。

这就是我们参战的方式，尽管民众有反战情绪，这也是我

们继续参战的方式--

尽管有很大比例的美国民众说我们目前对伊拉克的占领是不必要的。然而，有迹象表明，战争党对至少一个大党的领导权的控制开始解体。这种磨损是对基层反战情绪的回应，这种情绪正在激发越来越多的民主党活动家--

新老活动家--

迫使奄奄一息的领导人公开反对占领伊拉克，或加入总统最坚定的战争支持者乔-

利伯曼参议员。有人说，这是因为布什是以色列的坚定支持者。事实上，利伯曼比国王还要保皇，他攻击任何撤军的想法都是不允许的，甚至要求停止任何撤军的讨论，要求美国攻击伊朗。

民主党的利伯曼一派一直旨在限制辩论，关闭讨论，并在选区层面控制候选人和党的组织结构，以确保不会从下面出现对干预主义和军国主义的挑战。这些人是最后的斯库普-杰克逊民主党人，是今天   "新保守派"的先驱，他们比冷战时期的许多共和党人更加好战，他们始终坚持政治应该停在水边（即外交政策不应该被辩论），应该允许支持全球干预的两党大共识继续下去，永远不受质疑。

新保守主义者一般被认为完全是共和党人，但这忽略了他们作为一种政治和意识形态趋势的历史--以及斯库普-杰克逊民主党人的背景，包括杰克逊的助手理查德-珀尔、参议员丹尼尔-P-莫伊尼汉的前办公室主任埃利奥特-艾布拉姆斯，以及本-沃滕伯格、约书亚-穆拉夫奇克和马歇尔等 "新布尔什维克 "知名人士。

当然，是杜鲁门开创了先例，他承担了在没有宣战的情况下向国外派兵的权力--

这是连公开渴望成为独裁者的富兰克林-罗斯福都不敢尝试的壮举。

随着美国共和国开始转变为一个帝国，两党的领导人都认为有必要赋予行政长官以帝国权力，即不征求任何人意见就发动战争的权力。1950年，当杜鲁门总统将美国军队派往朝鲜时，只有少数共和党人反对这种篡改宪法的行为，并警告说美国人有一天会后悔让它发生。

> "参议员罗伯特-A-
> 塔夫脱说："如果总统可以不经国会批准干预朝鲜，......
> 他就可以在马来西亚、印度尼西亚、伊朗或南美开战。

无论如何，杜鲁门民主党最近的日子不好过：该党的基础--尤其是所谓的网民--
自越战以来第一次产生了真正的影响。利伯曼对战争的狂热支持激起了反对意见，他面临着党内初选，百万富翁内德-
拉蒙特将战争作为竞选的主要主题，在民意调查中稳步领先。拉蒙特被选为该党的候选人，而不是利伯曼，利伯曼随后要求以 "独立 "身份被列入选票。

利伯曼对战争的支持不受选民欢迎，但显然得到了AIPAC游说团非常好的资助和支持；他击败了拉蒙特，再次当选为参议员，任期四年。作为新的当前危险委员会的联合主席，利伯曼充当了新布尔什维克运动中最激进一派的门面：像詹姆斯-R-"第四战   "伍尔西、肯-"卡克沃克"-阿德尔曼、弗兰克-加夫尼和米奇-
迪克特等主要战争贩子，他们认为美国对以色列的支持是美国政策中最重要的问题。但当然，"恐怖分子"（即伊拉克叛乱分子）能够--而且*正在*--*在*军事上击败我们。

只要他们能保持目前的僵局，他们就是胜利者。至于美国人民对这场战争的失望，源于他们被欺骗并被带入泥潭的事实。最近对副总统迪克-切尼的幕僚长   "斯库特"-利比的定罪，打**开了一个**恶臭的罐子，表明导致美国第二次进入伊拉克的一系列谎言和欺骗是多么广泛和普遍。并不是说这有什么明显的区别。阴谋家们已经开始了一场在公**开**场合展开的行动。简而言之，布什政府及其英国伙伴现在已经远远超过了阴谋的阶段。

认为乌萨马-本-
拉丹和公司的新中世纪主义构成了与共产主义和/或法西斯
主义一样大的威胁的想法从表面上看是荒谬的：国际共产
主义运动在其鼎盛时期代表了数百万坚定的思想家，他们
反过来得到了苏联及其核武卫星的支持。在地球上几乎每
一个国家，克里姆林宫纪律严明的特工都在为他们的事业
进行煽动和招募，响应莫斯科的号召，在需要谨慎的时候
保持低调。

另一方面，伊斯兰革命者不能声称有这样的优势：他们在
任何地方都没有掌握国家权力，他们的支持者主要局限于
中东和北非，在阿富汗和南亚有小的支持前哨。此外，这
种以全球伊斯兰教　"哈里发　"为形式的　"新邪恶帝国
"的幻想并不是一个非常有说服力的妖魔鬼怪。除了将一个
基本功能失调的阿拉伯-穆斯林国家社区联合起来是徒劳的-
-这只会导致更大规模的功能失调--这个所谓的　　"哈里发
"不会威胁到西方的任何人。以色列--
我上次看地图的时候，它并不在西方--
将是唯一的潜在输家。

至于与法西斯主义和国家社会主义的比较：纳粹德国在其
鼎盛时期，指挥着地球上最强大的战争机器。希特勒是欧
洲的主人，他的军队正在向莫斯科进军，通过夺取北非来
包围抵抗德国霸权的残余力量，并准备攻击英国。

穆斯林世界中**哪里有**类似的力量？布什和切尼正活在历史
小说的一个情节中，他们是真理的英雄，敢于在自己党内
的舆论潮流中逆流而上。他们以争取'民主'的名义与现代的'
和平主义者'作战，正如影射的那样，他们敌视战争，因为
他们秘密地（或不那么秘密地）支持敌人。

利伯曼认为，如果民主党人反对这场在谎言基础上发起的
徒劳无益的战争，那么恐怖分子就赢了，因为我们将允许
他们
"分裂我们并在政治上打败我们"。如果**你反**对战争，你就
是支持基地组织。"这就是利伯曼的信息，他在这个问题上

和小布什一样一致，即使他的态度更激烈一些。

布什-切尼认为我们正在参与这场史诗般的战斗--
类似于反对希特勒主义和斯大林主义的斗争--
绝对没有人赞同对基地组织或中东有任何了解并有一丝常
识的人。共产主义和法西斯主义都是在几个国家夺取政权
的**群众运**动，并有能力对美国进行常规军事攻击。

向美国宣战的伊斯兰激进分子是全球叛乱活动中人数较少
的先锋，目前能够进行小规模的游击战。共产主义是一种
普遍的信仰：共产主义和法西斯主义的吸引力远远大于基
地组织，后者只能希望招募最疏远的人和最有能力的人团
结在其事业上。很少有不是热心的穆斯林会皈依激进的伊
斯兰教。

第三章

政变的技巧

让我们讨论一下关于政变的信息，以帮助我们了解今天所发生的事情。

从乌克兰到黎巴嫩再到吉尔吉斯斯坦，革命的标志物总是一样的。事实上，在罗纳德-里根和小布什领导下负责政权更迭的许多特工，在比尔-克林顿和小布什领导下心甘情愿地在前苏联集团做买卖。例如，曼努埃尔-诺列加将军在他的回忆录中报告说，1989年在巴拿马被派去谈判并随后组织他下台的两名中情局和国务院特工是威廉-沃克和迈克尔-科扎克。

1999年1月，沃克再次出现在科索沃，作为科索沃核查团团长，他监督人为地制造了一场虚构的暴行，结果成为科索沃战争的理由，而迈克尔-科扎克则成为美国驻白俄罗斯大使，2001年他在那里发起白鹳行动，推翻了现任总统亚历山大-卢卡申科。在2001年与《卫报》的信件往来中，科扎克厚颜无耻地承认，他在白俄罗斯所做的正是他在尼加拉瓜和巴拿马所做的，即"促进民主"。现代的政变技术基本上有三个组成部分。这些是。

> ➤ 非政府组织

> ➤ 对媒体的控制

> ➤ 秘密特工

由于它们的活动实际上是可以互换的，我将不对它们进行
单独处理。

塞尔维亚2000年--"人民力量"。

推翻斯洛博丹-
米洛舍维奇显然不是西方第一次利用秘密影响来实现
"政权更迭"。1997年阿尔巴尼亚的萨利-
贝里沙和1998年斯洛伐克的弗拉基米尔-
梅西尔被推翻，都受到了西方的严重影响，在贝里沙的案
例中，一场极其暴力的起义被说成是人民力量的可喜和自
发的例子。这是国际社会，特别是欧洲安全与合作组织（O
SCE）如何操纵选举监督结果以确保政治变革的一个典型
例子。然而，2000年10月5日在贝尔格莱德推翻斯洛博丹-
米洛舍维奇的事件意义重大，因为他是一个非常知名的人
物，而且推翻他的　"革命　"涉及到一个非常浮夸的所谓
"人民力量"的展示。

英国天空电视台对反对米洛舍维奇的政变背景进行了精彩
的描述。这篇报道很有价值，因为它赞扬了所描述的事件
；它也很有趣，因为它拥有与秘密机构，特别是英国和美
国的秘密机构的广泛联系。以下是节目的部分内容。

在每个案例中，记者似乎都知道谁是关键的情报人员。他
的叙述中充斥着
"普里什蒂纳的一名军情六处官员"、"南斯拉夫军事情报人
员"、"一名帮助组织政变的中情局人员"、"一名美国海军情
报人员
"等等的说法。这位记者引用了塞尔维亚秘密警察的秘密监
视报告；他知道伦敦的国防部官员是谁，他正在制定摆脱
米洛舍维奇的战略；他知道英国外交大臣在普里什蒂纳的
办公室正在制定摆脱米洛舍维奇的战略。

他知道在北约轰炸期间陪同俄罗斯总理叶夫根尼-
普里马科夫前往贝尔格莱德的俄罗斯情报人员是谁；他知

道英国大使馆的哪些房间被窃听，以及偷听外交官谈话的南斯拉夫间谍在哪里；他知道美国众议院国际关系委员会的一名工作人员实际上是美国海军情报人员。他描述了中央情报局是如何亲自护送科索沃解放军（KLA）代表团从科索沃到巴黎参加朗布依埃的战前会谈的，在那里北约给南斯拉夫下了最后通牒，它知道自己只能拒绝。他还提到"一名英国记者"

在伦敦和贝尔格莱德之间充当中间人，进行至关重要的高层秘密谈判，因为随着米洛舍维奇权力的崩溃，人们试图背叛对方。

报告中不经意间贯穿的一个主题是记者和特务之间的细微界限。从一**开始，他就随口提到了**

"官员、记者和政治家之间不可避免的联系"，声称这三类人都 "在同一个领域工作"。

这位记者继续开玩笑说，"是'特务'、'记者'和'政治家'加上'人民'的组合，促成了斯洛博丹-米洛舍维奇被推翻。他相信"人民

"参与其中的神话，但他报告的其余部分表明，事实上，推翻南斯拉夫总统只是因为伦敦和华盛顿故意设计的政治策略而发生的"。简而言之，这与 "人民力量 "无**关**。

最重要的是，这位记者明确表示，1998年美国国务院和情报机构决定利用科索沃解放军来摆脱斯洛博丹-米洛舍维奇。他援引一位消息人士的话说："美国的议程很**明确。在适当的**时候，他们要利用科军为政治问题提供一个解决方案'--

这个'问题'就是米洛舍维奇的政治生存。这意味着支持科军的恐怖主义分离主义，后来与科军一起对南斯拉夫发动了战争。该记者援引美国海军情报官员马克-柯克的话说："最终，我们对米洛舍维奇发起了一次大规模的行动，包括秘密的和公开的。"

行动的秘密部分不仅包括在派往科索沃的各种观察团中塞进英国和美国的情报官员，而且--关键是--

还包括向科军提供军事、技术、财政、后勤和政治支持，正如他自己承认的那样，科军
"走私毒品、组织卖淫活动和谋杀平民"。简而言之，科军是一群暴徒和杀手。

该战略始于1998年底，当时
"中央情报局在科索沃的一个庞大的任务（开始）"。米洛舍维奇总统曾允许外交观察团进入科索沃，以监测该省的局势。这是一个致命的错误。

这个特设小组立即得到了英国和美国情报人员和特种部队的增援--
他们来自中央情报局、美国海军情报局、英国特种部队和所谓的   "14
团"，这是一个与特种部队一起行动的英国军队机构，提供所谓的 "深度监视"。

这次行动的直接目的是   "战场的情报准备"--
这是威灵顿公爵所做的事情的现代版本，在与敌人交战之前扫荡战场以了解地形。布吕歇尔认为这是在浪费时间，但事实证明他错了。因此，正如他所说：官方而言，KDOM是由欧洲安全与合作组织管理的......非官方而言，它是由CIA.....。该组织充满了他们......这是一个中情局的幌子。

美国人对此肯定有很多疑问。秘密行动是否得到了国会的批准，如果是的话，依据是什么？如果它被批准，它就与美国宪法相抵触，不应该得到资助。

这些官员中的许多人实际上为中情局的另一个阵地--
DynCorp工作，这是一家位于弗吉尼亚州的公司，主要雇用
"美国军队或中情局精英部队的成员"。他们利用KDOM，即后来的科索沃核查团，进行间谍活动。这些官员没有执行他们被分配的监视任务，而是去使用他们的全球定位装置来定位和识别目标，然后由北约进行轰炸。很难理解南斯拉夫人是如何允许2000名训练有素的特务在他们的领土上游荡的，尤其是米洛舍维奇完全知道发生了什么。

(引用完毕)

科索沃核查团（KVM）的负责人是威廉-沃克（William Walker），他曾被派去将巴拿马的曼努埃尔-诺列加（Manuel Noriega）赶下台，也曾是驻萨尔瓦多的大使，在美国的支持下，萨尔瓦多的政府管理着行刑队。沃克在1999年1月'发现'了拉查克'大屠杀'，这一事件成为启动这一进程的借口，导致德国外交部长约施卡-费希尔称'拉查克是转折点'。这些人在当时都没有什么可信度，今天将他们的行为与此后发生的事情进行权衡，就更没有可信度了。

似乎是为了强调沃克的叙述的重要性，海牙法庭的法官给了他将近**两天的**时间来作证。他的   "证词"将成为米洛舍维奇被指控在所谓的拉查克大屠杀中的作用的亮点，这为北约对南斯拉夫的轰炸铺平了道路。与此相反，当米洛舍维奇问他应该询问证人多长时间时，梅法官回答说："*三个小时，不能再多了：如果你不与证人争论，不重复问题，问得简短，你就能得到更多的结果。*"尽管梅的这一丑陋的明显偏见表现，在任何其他情况下，她都会被从法官席上除名，但事情并没有完全按照检察官卡拉-德尔庞特的计划进行。

威廉-沃克是科索沃核查团的负责人，该核查团是在米洛舍维奇和美国特使理查德-霍尔布鲁克于1998年10月13日**达成**协议后在欧安组织的监督下成立的。在他出现在海牙之前，沃克的两名武器检查员已经就北约轰炸前在科索沃发生的事件作证--他的副手**卡**罗尔-德鲁伊恩凯维茨将军和理查德-恰格林斯基上校。他们还就据称在拉查克发生的大屠杀作证。针对米洛舍维奇的案件是什么？

1999年1月15日,塞尔维亚警察和军队成员在科索沃核查团视察员和媒体的陪同下,对科索沃解放军(科军)的武装人员采取了行动,他们认为这些人在伏击和杀害三名警察后藏匿在拉查克。军队向拉查克、彼得罗沃、马洛波利采和雷纳亚派出了装甲**运兵**车和大炮。两天后,在南斯拉夫军队和科军的激烈战斗之后,德鲁伊恩凯维茨和沃克访问了该地区。德鲁伊恩凯维茨在路上解释说:'*沃克向我明**确**表示,我必须在这件事上采取极其不妥协的态度。抵**达后**,科军将他们带到一个山谷,里面有45具尸体。在这次"审查"中,没有塞尔维亚政府的代表在场。

尸体被发现后,德鲁伊恩凯维茨告诉法庭,*"沃克的助手**跑到山顶给北约打电话**"*。在当天**晚上的新**闻发布会上,沃克宣布发生了一场大屠杀(没有提到三名警察的死亡)。在宣布之前不久,德鲁伊恩凯维奇说,他听到沃克在电话中对理查德-

霍尔布鲁克说:*"迪克,**你可以和你的诺贝尔和平奖说再见**了。"*Drewienkiewicz补充说:*"我当时很惊讶,他竟然如此具体地将该事件称为大屠杀。然而,我同意他所说的话。*

沃克承认,德鲁伊恩凯维奇在14个小时前--1月15日**晚上**--告诉他科军和军队在该地区发生了战斗,并且三四天前有三名**警察**在该地区被杀。他还知道1月15日警察报告说,15名科军民兵在拉查克被杀,但在新闻发布会上他说他不相信。影片还显示他穿着科军制服在死尸中行走。

沃克在1月16日举行的新闻发布会上没有提及死去的警察或科军,并说这些尸体都是平民。他说,他的新闻稿是"完全由我创造的"。(第6805页)

沃克承认他"不是犯罪现场调查员"(第6801页),当他们中的一个人--**达尼卡**-马林科维法官--于1月17日到**达**时,他拒绝与她见面。在他的证词中,他说他不记得霍尔布鲁克或北约指挥官韦斯利-

克拉克将军与他交谈过--*"不记得我自己与一些后来说与我交谈过的人交谈过"*。

然而，韦斯利-
克拉克记得与沃克的谈话。克拉克在书中描述了1月16日沃克的一通电话：*"韦斯，我们这里有问题，"*他**开始**说。

> "当我看到大屠杀时，我知道这是一场大屠杀。我以前见过他们，当我在中美洲的时候。我现在看到了一场大屠杀......一条**沟里有四十个人，也**许更多。他们不是战士，他们是农民，你可以从他们的手和他们的衣服上看出。而且他们是在近距离被射杀的。"

沃克的说法受到了一个被召集来调查该事件的芬兰法医小组调查结果的质疑。该小组首先批评说，在急于将拉查克事件描述为大屠杀的过程中，基本的犯罪现场程序没有得到执行。事件发生三天后，芬兰法医小组报告说，任何时候都没有对事件现场进行隔离以防止未经授权的访问。报告指出。

> 欧洲安全与合作组织（OSCE）和欧洲联盟或新闻界。

> 其他结果显示，只有一名死亡的受害者是女性。一名受害者不满15岁。六人受了枪伤。44人中的大多数都有来自不同角度和高度的多处伤口，这是枪击而非近距离处决的特征。只有一个人是在近距**离被射**杀的，而且没有死后残害的证据。该小组无法确认受害者是否来自拉查克。

将沃克对拉查克的态度与他对萨尔瓦多六名耶稣会教士的谋杀或科军在佩奇谋杀青少年的态度进行比较。在萨尔瓦多，沃克试图将耶稣会士的谋杀归咎于伪装成士兵的游击队。他告诉前南问题国际法庭。

> "事后看来，我做了一个不准**确的声明**。

当科军被指控在佩奇杀害塞族青少年时，他说。

> "当**你不知道**发生了什么，就更难说了......直到今天，我们还不知道谁犯下了这一行为。

他对拉查克没有表现出同样的谨慎。

当米洛舍维奇试图提及在萨尔瓦多发生的事件时，梅法官进行了干预，他说：*"你试图用很久以前的事件来诋毁这位证人，以至于审判庭认为它们无关紧要"*。后来又说："*这是一个荒唐的问题，绝对荒唐。现在你在浪费大家的时间。*"陪审员可以从梅斯的态度中得出自己的结论，即他是否**适合判断相关**问题。

米洛舍维奇提请注意这样一个事实：沃克与向反政府武装提供武器的奥利弗-诺斯中校在同一机场（Illopango），而沃克本应向他们提供人道主义援助。沃克对此解释说

> "我不知道，国务院不知道，世界也不知道，国家安全委员会的奥利弗-诺斯上校正在做的事情最终被沃尔什法官和他的委员会裁定为非法。"

米洛舍维奇继续试图诋毁沃克的叙述和他对拉查克事件的解释。

他问沃克。

> 既然我们在谈论Račak，在**你的**陈述中，你这样说："看着这些身体，我注意到几件事。首先，从他们周围的伤口和血迹，以及尸体周围地面上的干涸血迹来看，很明显，这些是人们被杀时穿的衣服。在我看来，毫无疑问，他们已经死在了他们躺着的地方。他们面前的地面上，**每一个人的血量和位置**，都清楚地表明了这一点。

米洛舍维奇要求按照正确的顺序展示一系列尸体的照片，并要求:

> 这些血在哪里靠近尸体或个别尸体？你在哪里看到了血迹？

下面的交流就是这样开始的。

沃克：*"在这张照片里？*

米洛舍维奇：*"这里有什么血迹吗，哪里有？"*

沃克："我*想这是血。*"

米洛舍维奇："*你说的是地上的血泊，而地上根本就没有血。*"

沃克："*在这张照片中没有。*"

米洛舍维奇："*以前的照片里也没有。这里的地面上是否也有血迹，血迹，血池？*"

沃克："*在这张照片中没有。*"

米洛舍维奇："*这里也没有，地上没有血，我们看到周围都是石头。*

审判中使用的一些照片是由沃克在KVM中的一名观察员拍摄的，他是伦敦市警察局督察伊恩-罗伯特-亨德利，他最近在审判中提供了他去　　　　　　"大屠杀现场"的证据。

当米洛舍维奇问他是在陪同下还是独自访问该地点时，亨德利回答说有人带他参观了。有人问他是谁，他回答说："我*不知道。*亨德利无法解释为什么他的照片只显示了血迹而不是血池。前南问题国际法庭首席法医埃里克-巴**卡德**（Eric Baccard）在其早些时候的证词中承认，尸体的僵硬程度和位置都不寻常，可能被移动过。至于枪伤，他说不可能说它们是由 "事故、凶杀或武装冲突 "造成的。

在一次事件中，米洛舍维奇问沃克是否认识一位加拿大历史学家罗利-基思，他为北约工作了30年，是科索沃波列的KVM领导人。沃克的回答是否定的，因此他承认他不记得他自己在科索沃的KVM领导人。

当米洛舍维奇拿出凯斯的一段话，与沃克关于科索沃局势的证词相矛盾时，沃克的选择性记忆的原因就暴露出来了。基思说。

"我可以证明，在2月和3月，没有发生种族灭绝事件。
就**种族清洗而言，我不在**现场，也没有看到任何可以被
描述为种族清洗的事件。关于我之前的回答，我想澄清
的是，我目睹了一系列的事件，其中大部分是由科军引
起的，为此，安全部队在军队的协助下做出了反应。"

第四章

一个有偏见的法院

当米洛舍维奇问他是否读过2000年3月12日《星期日泰晤士报》题为　　　　　　　"中央情报局援助科索沃游击队"的文章时，沃克对科军活动的沉默和回避再次得到强调。沃克的回答是否定的。这篇文章解释了美国情报人员如何在北约轰炸南斯拉夫之前帮助训练科军。中央情报局在1998年和1999年监督科索沃的停火，同时向科索沃解放军提供培训手册和实地咨询。

文章还质疑沃克在为北约空袭做准备方面的作用。"一位欧洲特使说，美国的议程包括他们的外交观察员，又称中央情报局，在与欧洲其他地区和欧安组织完全不同的条件下**运作**。"虽然沃克拒绝了关于他想进行空袭的说法，但他承认中情局参与了倒计时。沃克说。

> "一夜之间，我们从几个人变成了130人或更多。该机构能否在那个时候把他们带进来？当然，他们可以这样做。那是他们的工作。但没有人告诉我。"

虽然没有证据表明沃克是中情局特工，但他的角色在许多方面与中情局的工作方式并不一样。文章接着说，根据前中央情报局的消息，外交观察员是"中央情报局的一个幌子，收集有关科军武器和领导人的情报"。一名特工说，"我会告诉他们要避开哪座山，要去哪片树林后面，诸如此类的事情。"纽约建筑商、科索沃解放军领导人之一克洛林-克拉斯尼奇说。

> "这只是阿尔巴尼亚的侨民在帮助他们的兄弟"。

文章描述了科军如何规避允许向狩猎俱乐部出口狙击步枪的漏洞。科索沃解放军的一名指挥官阿吉姆-切库（Agim Ceku）在战争后期通过在克罗地亚军队的工作结识了许多人。他说，克罗地亚军队得到了一家名为
"军事专业资源公司
"的美国公司的**帮助**，该公司人员当时正在科索沃。沃克的证词是海牙法庭的又一次失败。关于导致1999年轰炸塞尔维亚的一系列真实事件，已经泄露了太多的信息。拉查克是否发生过大屠杀的问题需要进一步研究，尽管有足够的证据使任何客观的观察者都会谨慎行事。可以肯定的是，沃克在为北约提供轰炸南斯拉夫的理由方面发挥了核心作用。

正如美国最高法院大法官布兰代斯的传记作者雅各布-德-哈斯曾经写道。

> "然而，这种性质的交易的政府谈判总是秘密进行的，通常在交易时很难获得结论性的证据。当事件无法挽回，消失在过去的迷雾中时，人们就会倾向于撰写回忆录，吹嘘曾经震撼世界的秘密战绩。"

我们知道，尽管梅和卡拉-
德尔庞特的骰子对他不利，但米洛舍维奇进行了如此激烈的辩护，在许多观察家看来，法庭给人的印象是对他有偏见，让他没有机会反驳对他的指控。然后，非常神秘地，在看起来非常可疑的情况下，米洛舍维奇被发现死在他的牢房里，据说是自然原因。

但他的医生和家人对他的死因提出了严重怀疑。尽管他的家人提出强烈抗议，但仍维持了自然死亡的判决。

科扎克和沃克鼓励革命

从1989年推翻巴拿马、2000年推翻塞尔维亚、2001年推翻白俄罗斯、2003年推翻委内瑞拉、2003年推翻格鲁吉亚、2004年推翻乌克兰、2005年推翻吉尔吉斯斯坦、2007年推翻

黎巴嫩的民选政府（正在进行中）中可以看出，连接纽带始终是美国声称的基本原则是
"民主的传播"。我对上述所有 "革命"进行了研究，其结果已在我的系列专著中发表，首先是美国在巴拿马非法转让运河和推翻曼努埃尔-诺列加将军。

20世纪70年代和80年代，在里根和乔治-赫伯特-沃克-布什担任总统期间，在巴拿马完善的主要战术在拉丁美洲得到了实践。这两位美国总统声称自己是
"保守派"，这并不重要。虽然不是打着'传播民主'的旗号--后来改为'政权更迭'--
但我在这里提到它，是为了说明英国和美国的勾结是推进世界新秩序计划的一个组成部分。英国对福克兰群岛的攻击是由撒切尔挑起和指挥的，在很大程度上是由里根促成的，他违反了门罗主义，在物质上协助了英国入侵部队，这也完全违反了美国宪法。

要使这种对一个政权的民用基础设施的战略破坏取得成功，必须有一批训练有素的核心人员在当地执行计划，而显而易见的是，罗纳德-里根和乔治-布什老爷子手下的许多政权更迭代理人，无论是中央情报局、国务院还是媒体官员，都曾在克林顿和乔治-布什总统任期内获得过前苏联集团的经验。曼努埃尔-诺列加将军在其回忆录中证实了这一点，他说，1989年派往巴拿马使他下台的两名中情局和国务院特工是威廉-沃克和迈克尔-科扎克。我们以前在洪都拉斯和萨尔瓦多见过威廉-沃克，最近一次是1999年1月在科索沃，当时克林顿任命他为科索沃核查团团长。

科扎克被任命为美国驻白俄罗斯大使，并无视所有外交规则，利用使馆大院作为基地，在2001年煽动*白鹳行动*，推翻现任总统亚历山大-卢卡申科。这是针对南非共和国亨利克-维尔沃德博士的行动的回声，在那里，推翻行动是由美国

驻比勒陀利亚大使馆管理的，在给南非带来'民主'的幌子下，所有的援助、安慰和巨大的财政补贴都来自于共产主义的非洲人国民大会（ANC）。一人一票"的口号很可能是塔维斯托克研究所的作品。科扎克在2001年写给《卫报》的信中公**开阴**谋，承认他在白俄罗斯所做的事情正是他在尼加拉瓜和巴拿马所做的事情，即"促进民主"。这种委婉的说法被用来掩盖针对没有新世界秩序印章的国家的政变。

杰里米-边沁是法国大革命（法国　　　　　　　"引入民主"的早期例子）的煽动者和策划者之一，他是最早将推翻法国民选政府作为"人民**运动**"的人之一。

成功政变的其他要素包括巧妙的口号、非政府机构、社团和组织（"Liberté, 　　　　　　　　　　égalité, fraternité"）（"一人一票"）、地面上的特务以及媒体对宣传的控制。

在巴拿马、拉丁美洲和前苏联集团国家的行动超越了新世界秩序的**阴**谋企业。正如我们在巴拿马、白俄罗斯和塞尔维亚看到的那样，它们甚至被宣传成这样。就塞尔维亚而言，媒体广泛宣传　　　"革命"是　　　"人民力量"的体现。在乌克兰的　　　　　　　　　　　　"橙色革命"期间，这种说法被反复提及。塞尔维亚受益于所谓　"中立"国家的管理和合作，特别是瑞典。

人们会记得，瑞典在把列宁和托洛茨基带回俄国和资助布尔什维克革命方面发挥了巨大的作用，而布尔什维克革命是据称来自　　　　　　　　　　　"人民力量"的首批革命之一。正如南非非国大的情况一样，这涉及到向各**种**　　"民主反对派"团体和　　"非政府组织"提供大量资金以及技术、后勤和战略支持，包括武器。在塞尔维亚的行动中，沃克和他的同伙主要通过国际共和党研究所工作，据称这是华盛顿特区的一个私人非政府组织，该组织在邻国匈牙利开设了办事处。

钱和所有其他必需品都是通过外交包带入塞尔维亚的（严重违反了外交礼仪）。中立的幌子，就像我所举的瑞典的例子一样，是通过不参加北约对塞尔维亚的非法和犯罪的战争来维持的，允许它以虚假的理由在贝尔格莱德保持一个完整的大使馆，即它是中立的。

我认为，北约参与对塞尔维亚的战争违反了下列公约，因此，根据这些公约中的一项或全部，北约犯有战争罪。

> ➢ 纽伦堡议定书

> ➢ 日内瓦四公约

> ➢ 联合国宪章

> ➢ 欧盟公约

> ➢ 海牙**关于空中**轰炸的规则

塞尔维亚是自第二次世界大战结束以来唯一被轰炸的欧洲国家，数百**吨的炸**弹被投在主要的民用目标上。迄今为止，这一战争罪行的肇事者，即克林顿总统、韦斯利-克拉克将军、马德琳-奥尔布赖特、北约将军、欧洲联盟理事会主席和联合国秘书长，尚未因战争罪被起诉。此外，就美国人而言，他们严重违反了美国宪法的五项规定（国家的最高法律），根据美国宪法的规定，他们本应被免职，被弹劾，并以叛国罪受审。媒体购买是成功政变的主要因素之一。所谓的"独立"媒体机**构，如**B92广播电台，主要由乔治-索罗斯控制和资助的美国组织资助，索罗斯后来在乌克兰和格鲁吉亚发挥了关键作用。所谓的"民主人士"，正如米洛舍维奇正确地宣称的那样，不断被美国和英国新闻界的豺狼们描绘成这样，是外国代理人。打败米洛舍维奇的政治政变在第一轮总统选举后立即开始。在西方电视屏幕上作为"人民的自发起义"出现的，是一群精心挑选的极端暴力的罪犯和武装暴徒，由**卡卡克**镇的镇长维利米尔-伊利奇指挥。

前往贝尔格莱德联邦议会大厦的40公里长的车队不是由寻求民主的公民组成的，而是由暴徒、嘲笑者、"黑波拉"的准军事部队和一个踢拳队组成的。事实是，2000年10月5日，一场虚拟的政变被小心翼翼地隐藏在人民力量革命的假面之下，并被媒体监督者以这种方式呈现给世界。

下一个感受到   "人民民主"的湿润气息的国家是格鲁吉亚。在巴拿马、洪都拉斯、危地马拉和塞尔维亚学到并完善的技能，现在是标准的政变战术，2003年11月在格鲁吉亚实施，推翻了爱德华-谢瓦尔德纳泽总统。在约瑟夫-戈培尔（Joseph Goebbels）完善的   "大谎言"重复方法中，同样的虚假或歪曲的指控被提出来并不断地重复。沆瀣一气的美国媒体没有费心去核实事实，就发表了关于选举被操纵的指控，而令人惊讶的是，这些指控早在选举本身之前就已经提出。在谢瓦尔德纳泽被长期奉为伟大的改革者和民主人士的偶像之后，一场针对他的口水战已经展开。与贝尔格莱德的情况一样，事件是在"冲进议会"之后引发的，电视上尽职尽责地进行了直播。

两次权力移交都是由俄罗斯部长伊戈尔-伊万诺夫谈判的，他前往贝尔格莱德和第比利斯，组织现任者离开。伊万诺夫的角色似乎是一个犹大（尤其是他与谢瓦尔德纳泽和塞尔维亚的米洛舍维奇很熟）。也许是与谢瓦尔德纳泽的旧账要算？贝尔格莱德和第比利斯之间的另一个共同点是美国大使理查德-迈尔斯。

在巨额美元的支持下，暗中的民事行动在格鲁吉亚发挥了关键作用，就像它们在塞尔维亚一样。在这两种情况下，在这一重要信息在事件发生后很久才公布之前，是不可能获得细节的--
所以在反击反对谢瓦尔德纳泽的巨大的关于'人民力量'的宣传中没有任何作用。按照这种情况下的惯例，媒体的豺狼们小心翼翼地从印刷品和电视报道中漏掉支持谢瓦尔德纳泽的每一个事件，每一个信息碎片。在乌克兰的情况下，我们看到西方支持的非政府组织、媒体和特工部门的工作有同样的结合。非政府组织（NGO）*甚至在选举之前就在*使选举失去合法性方面发挥了巨大作用。关于大范围欺诈的指控不断重**复**。换句话说，亚努科维奇赢得第二轮比赛后爆发的街头抗议，是基于*第一轮比赛开始前就已经流传*的指控。这些指控背后的主要非政府组织
"乌克兰选民委员会
"没有收到乌克兰选民的一分钱，而是完全由美国资助。国家民主研究所是其主要附属机**构之一，不断**传播反对亚努科维奇的宣传。

在事件本身中，一位中立的西班牙观察员能够记录下宣传的一些滥用情况。其中包括政府无休止地重复所谓的选举舞弊；反对派不断掩盖舞弊行为；疯狂地推销维克多-尤先科，他是世界上最无聊的人之一，像埃及木乃伊一样有魅力；还有一个可笑的不可能的故事，即他被他的敌人故意毒死了。 在这个令人费解的案件中没有逮捕或起诉。

C.J.
Chivers在《纽约时报》上发表的一篇有趣的文章指出，在美国本土人员的监督下，乌克兰克格勃在所谓的 "人民起义"发生前几个月就已经为尤先科工作。关于如何调整军事理论以实现政治变革的细节出现了（事后），而且还使用了伪造的   "民意调查"。洗脑的方法和   "内在定向条件"的使用与塔维斯托克人际关系研究所的方法一致。

在以前的故事中，我们看到了新世界秩序的   "欺骗性外交"的实施[3]，在其**阴谋**阶段。

我写的很多东西在很多情况下都被曝光了，这表明（至少在我看来）新世界秩序控制者不再**关心人**们是否发现他们的**阴谋**--

---

[3]见《说谎的外交》，英国和美国政府的背叛行为，Omnia Veritas有限公司，www.omnia-veritas.com。

这是一个阴谋的事实，一个公开的阴谋，而美国仿佛为自己扮演的主角感到自豪，不在乎谁知道。

乌克兰的橙色革命

乌克兰的维克多-亚努科维奇在2004年的 "橙色革命"中受到羞辱，在他的宿敌维克多-尤先科总统支持他之后，他即将庆祝作为总理重返政治舞台。亲西方的尤先科是推翻乌克兰旧秩序的革命的设计师，他在凌晨时分无奈地选择与亚努科维奇的莫斯科倾向"同居"，以结束四个月的政治僵局。

他唯一的其他真正的选择是解散议会，延长危机，并冒着可能在政治上摧毁他的新选举的风险。尤先科先生说，在获得亚努科维奇先生不会试图扭转市场改革和亲西方政策的书面保证后，他决定提名他担任联盟总理。亚努科维奇先生赞成与前苏联国家的传统盟友--俄罗斯和解，但没有透露其做出的让步的细节。在亚努科维奇的地区党与尤先科的 "我们的乌克兰"党和其他联盟党签署共同原则声明后，议会预计将在晚些时候批准亚努科维奇的总理任命。该协议结束了四个月的政治僵局，在此期间，乌克兰只有一个看守政府。除了从亚努科维奇先生那里获得的让步之外，还有人质疑尤先科先生在自己的 "橙色"队伍中对与亚努科维奇先生达成协议的基层反应。魅力十足的激进派尤利娅-季莫申科是乌克兰另一个在交易中被排挤的重要角色，她还没有露面。

她的政治集团在3月的议会选举中名列第二，亚努科维奇先生的地区党轻松获胜。虽然她能够将自己的提名推迟几个小时，但她在议会中没有足够的票数来阻止提名。经过几个小时的深夜会谈，试图找到一个联合协议，尤先科先生在电视讲话中说："我决定提议维克托-

*亚努科维奇担任乌克兰总理。*尤先科先生放弃了他的**另一**个非常冒险的选择，即解散议会并举行新的选举，而是选择了与亚努科维奇先生进行可能很棘手的"同居"。亲俄罗斯的候选人维克多-亚努科维奇是2004年"橙色革命"总统竞选的失败者，他是乌克兰的海报人物。革命后，他被评论家们避而远之，经过几周的曲折谈判，他终于赢得了总理的提名。亚努科维奇先生在2004年的总统选举中向他的老对手维克多-尤先科认输后，拒绝被遗忘，当结果最初对亚努科维奇有利时，数十万抗议者前来支持他。

亚努科维奇先生赢得了比赛，但当"橙色革命"的大规模抗议，似乎自发地爆发了暴力的街头示威时，最高法院因毫无根据的大规模欺诈指控而废除了选举，并下令重新选举，尤先科先生如愿以偿地赢得了选举。

被他的许多盟友抛弃，被政治精英抛弃，亚努科维奇做了一件谁也没想到的事：他开始按照他的橙色对手的规则行事。在美国顾问的帮助下，他采用了他的"橙色"对手在2004年使用的战术。他部署了摇滚乐队和大量蓝白相间的竞选道具，走遍了东南部以建立基层支持。*"2004年，他是作为一个加冕的国王进行竞选的，"*一位驻基辅的西方高级外交官在他竞选期间说。*"现在他正作为一个饥饿的政治家进行竞选。"*

第五章

阴谋之外

沃顿商学院 "社会工程 "教授、埃默里博士的弟子霍华德-珀尔马特博士（他）指出，"加德满都的摇滚视频 "是一个恰当的形象，说明具有传统文化的国家可以被破坏稳定，从而创造出 "全球文明 "的可能性。

他补充说，这种转变有两个条件，"建立有国际承诺的国际和地方组织网络 "和 "创造全球事件"，即 "通过大众媒体将一个地方事件转变为一个几乎瞬时具有国际影响的事件"。这都不是阴谋论--这是阴谋的事实证据。

美国认为，促进民主是其整体国家安全战略的一个重要组成部分，这是美国的官方政策。国务院的主要部门、中央情报局、国家民主基金会等准政府机构以及卡内基国际和平基金会等政府资助的非政府组织都出版了几本关于 "促进民主 "的书。

所有这些行动都有一个共同点：它们涉及西方大国，特别是美国，对其他国家政治进程的干预，有时是暴力干预，而这种干预往往被用来促进政权更迭的最终革命目标。新世界秩序的现阶段被称为 "超越阴谋的时期"，因为新世界秩序的管理者因其最近的成功而胆大妄为，他们不在乎他们的计划是否已经变得足够透明。确定 "超越阴谋 "阶段的一个最明显的方法是，制定革命（实际上是政变）的新政策，而不是对目标国家发动武装入侵。显然，越南战争的失败，以及美国军队在1991年和2002年再次入侵伊拉克，使300人委员会相信政变比实地的军事冲突更可取。

这并不排除空中轰炸的可能性，但也很清楚，仅靠轰炸不足以击败目标国家的现有秩序，除非是像1944-1945年对德国进行大规模轰炸那样的规模。必须在上述背景下看待世界各地陆续爆发的'革命'.

被称为 "超越阴谋"的新政策于2003年11月正式启动，当时格鲁吉亚总统爱德华-谢瓦尔德纳泽在示威、游行和关于议会选举被操纵的指控之后被推翻，这些指控在西方媒体上被广泛宣传，尽管从未有可信的证据支持选举欺诈。

一年后，即2004年11月，乌克兰组织了所谓的"橙色革命"，同样被指责为广泛的选举舞弊，导致国家分裂。乌克兰有大量亲俄人口，选举舞弊本来没有必要维持乌克兰与俄罗斯的历史关系，但2004年的事件--一场虚拟政变--使该国走上了成为北约和欧盟永久成员的轨道。

橙色革命 "的非官方支持者和西方媒体的豺狼确保了所谓"人民革命"的成功。甚至在投票发生之前，就有人提出了选举舞弊的指控，这些指控在乌克兰选民委员会的领导下一次又一次地被重复，该委员会的资金不是由乌克兰人提供的，而是从美国获得的每一美元的资金。索罗斯在其中起到了作用吗？

这似乎很有可能，即使没有得到证实。似乎是为了宣布它的起源，委员会办公室的墙上贴满了马德琳-奥尔布赖特的照片，她是推翻塞尔维亚合法政府的革命的煽动者和作者，而国家民主研究所则通过对主要候选人、亲俄罗斯的瓦努科维进行爆炸性宣传来煽风点火。

第六章

两个好奇的人

自发的人民革命神话的存续令人沮丧，因为即使粗略地研究一下在书面声明和各种出版物中发现的事实，也会发现它不仅仅是一个神话，事实上是一个公然的谎言。几年前，我收到一**份关于**库尔齐奥-马拉帕尔特（Curzio Malaparte）生平的记述，他的真名是库尔特-苏克，意大利作家、记者和外交官，1898年在意大利出生，1957年去世。我研究了这篇报道，因为毛泽东似乎已经把马拉帕尔特的 "人民革命 "的想法合而为一。

马拉帕尔特是一个了不起的人，他对欧洲及其政治有着非凡的了解，这是从作为外交官和著名的罗马报纸*Corriere della Serra的*记者的第一手经验中获得的。他曾在乌克兰报道过东线战争，他的报道后来以《伏尔加*河在欧洲崛起*》（*Volga Nasce in Europa*）的形式出版。

他曾作为联络官隶属于美国马克-克拉克将军在意大利的入侵部队，并就他在美国军队中的经历写了许多优秀的文章。战后，马拉帕尔特加入了意大利共产党，并在 "中华人民共和国 "成立后去了中国。在阅读了马拉帕尔特生活中非常有趣的故事后，似乎毛泽东可能 "借鉴 "了马拉帕尔特的经验。当然，"橙色革命 "背后的美国组织在很大程度上受到了马拉帕尔特思想的启发，得到了来自华盛顿的无限资金（同样，乔治-索罗斯被怀疑但没有被证明是来源）以及西方媒体和中央情报局更愿意合作的支持。但可能是库尔齐奥-马拉帕尔特的 *"政变技术"* 首次对这些想法进行了非常著名的表达。这本书出版于1931年，将政权更迭作为一种简单的技术提出。

马拉帕尔特明确表示不同意那些认为政权变更会自行发生的人的观点。事实上，他在书中一开始就讲述了1920年夏天外交官们在华沙的一次讨论：波兰被托洛茨基的红军入侵（波兰自己也入侵了苏联，在1920年4月占领了基辅），布尔什维克就在华沙的大门口。

辩论是在英国驻华沙公使霍勒斯-伦博尔德爵士和教廷大使安布罗吉奥-**达米**亚诺-阿奇勒-拉蒂阁下之间进行的--**两年后，此人将作**为庇护十一世当选教皇。这位英国人宣称，波兰的内部政治局势非常混乱，革命不可避免，因此，外交使团应该逃离首都，前往波森（波兹南）。

他出生于托斯**卡**纳的普拉托，母亲是伦巴第人，父亲是德国人，在西科尼尼学院和罗马的拉萨皮恩扎大学学习。1918年，他**开始了自己的**记者生涯。

马拉帕尔特参加了第一次世界大战，他被任命为阿尔卑斯山第五军团的军团长，并因其军功获得了多项勋章。1922年，他参加了贝尼托-墨索里尼在罗马的游行。1924年，他创办了罗马期刊*La Conquista dello stato*（"国家的征服"，这个标题启发了拉米罗-莱德斯马-拉莫斯的*La Conquista del Estado*）。作为国家法西斯党的成员，他从20世纪20年代初**开始**创办了几份期刊，并向其他期刊投稿，还写了许多书，并指导了两家都市报。

1926年，他与马西莫-邦坦佩利（1878-1960）一起创办了《900》文学季刊。后来，他成为*Fiera Letteraria*（1928-31）的联合编辑和都灵*La*

Stampa的编辑。他的忏悔式战争小说《La rivolta dei santi》（1921）批评腐败的罗马是真正的敌人。在Tecnica del colpo di Stato（1931年）中，马拉帕尔特同时攻击了阿道夫-希特勒和墨索里尼。结果，他被剥夺了国家法西斯党的成员资格，并在1933年至1938年期间被送往利帕里岛进行内部流放。

由于墨索里尼的女婿和继承人加莱亚佐-西亚诺的个人干预，他被释放。墨索里尼政权在1938年、1939年、1941年和1943年再次逮捕了马拉帕尔特，并将他囚禁在罗马臭名昭著的Regina Coeli监狱。入狱后不久，他出版了现实主义和魔幻主义的自传体短篇小说集，最终出版了风格化的散文 《像我这样的女人》（Donna Come Me）（1940）。

他对欧洲及其领导人的非凡了解是基于他作为通讯员和在意大利外交部门的经验。1941年，他被派往东线，担任 《新闻报》的记者。他从乌克兰前线发回的文章，其中许多被压制，在1943年被收集起来，以Il Volga nasce in Europa（《伏尔加河在欧洲崛起》）为题出版。这段经历也构成了他最著名的两本书《卡普特》（1944）和《皮囊》（1949）的基础。

卡普特》是他以小说的形式偷偷写下的关于战争的记录，从那些注定要失去战争的人的角度来介绍这场冲突。马拉帕尔特的叙述以抒情的观察为特点，例如当他遇到一支逃离乌克兰战场的德国国防军士兵分队。

> "当德国人害怕时，当那种神秘的德国式恐惧开始爬进他们的骨子里时，他们总是会引起一种特别的恐怖和怜悯。他们的外表是悲惨的，他们的残忍是可悲的，他们的勇气是沉默的和无望的。"

马拉帕尔特继续他在卡普特开始的欧洲社会的伟大壁画。那里是东欧，这里是1943年至1945年的意大利；入侵者不是德国人，而是美国武装部队。

在所有从第二次世界大战中产生的文学作品中，没有任何一本书在欧洲的毁灭和道德崩溃的经验背景下，如此出色地或如此伤人地展示了美国的胜利的纯真性。该书受到罗马天主教会的谴责，并被列入《图书馆禁书索引》。

1943年11月至1946年3月，他被派往美国驻意大利最高司令部担任意大利联络官。库尔齐奥-马拉帕尔特的文章已在法国、英国、意大利和美国的许多主要文学期刊上发表。

战后，马拉帕尔特的政治同情心转向了左派，他成为了意大利共产党的一员。1947年，马拉帕尔特搬到了巴黎，写话剧，但没有取得很大成功。他的戏剧《*Du Côté de chez Proust*》是根据马塞尔-普鲁斯特的生平创作的，《*Das Kapital*》是对卡尔-马克思的描写。*Cristo Proibito* ("被禁止的基督")是马拉帕尔特的一部适度成功的电影--他在1950年编剧并导演了这部电影。

它在1951年的柏林电影节上获得了 "柏林市"特别奖。在这个故事中，一位退伍军人回到他的村庄，为他被德国人射杀的兄弟报仇。该片于1953年在美国上映，片名为《*奇怪的欺骗*》，被国家评论委员会评为五大外国电影之一。他还制作了综艺节目《*Sexophone*》，并计划在美国各地循环演出。

就在他去世前，马拉帕尔特完成了另一部电影《*Il Compagno P*》的写作。1949年中华人民共和国成立后，马拉帕尔特对毛泽东版本的共产主义产生了兴趣，但他的中国之行因病中断，他被飞回罗马。

Io in Russia e in Cina》是他的事件日记，于1958年追授出版。马拉帕尔特的最后一本书《*Maledetti toscani*》是他对资产阶级文化的攻击，于1956年出版。他

死于癌症。

这段轶事让马拉帕尔特讨论了列宁和托洛茨基这两位政变/革命的实践者之间的差异。马拉帕尔特表明，未来的教皇是**正确的**，说革命的发生需要先决条件是错误的。对马拉**帕**尔特来说，就像对托洛茨基一样，只要有一群人有足够的决心去实现它，就可以在任何国家推动政权变革，包括西欧的稳定民主国家。毫无疑问，马拉帕尔特的技术在南斯拉夫、乌克兰和格鲁吉亚得到了完全的遵循。

对马拉帕尔特及其思想的这种描述与美国在巴拿马、洪都拉斯、尼加拉瓜、南斯拉夫的所作所为；美国与毛泽东的**关系**、对伊拉克的入侵以及与伊朗正在进行的口水战有关。他的思想和观点被新左派（新保守派）用来在美国进行革命，这比大多数人想象的要近得多。

这给我们带来了第二个文献，关于媒体操纵。马拉帕尔本人并没有谈到这一方面，但它(a)具有相当的重要性，(b)显然是今天政权更迭方式中政变技术的一个分支。事实上，政权更迭期间对媒体的控制是如此重要，以至于这些革命的主要特征之一就是创造一个虚拟现实。对这种现实的控制本身就是一**种**权力工具，这就是为什么在香蕉共和国的典型政变中，革命者首先夺取的是国家广播电台。

人们在心理上非常不愿意接受当前的政治事件是被故意操纵的。这种不情愿的态度本身就是信息时代意识形态的产物，它奉承人们的虚荣心，鼓励他们相信自己可以获得大量的信息。在现实中，现代媒体信息的表面多重性掩盖了原始来源的**极度稀缺性，就像意大利海**滨的餐馆一条街可以掩盖后面一个厨房的现实。

对重大事件的报道往往来自一个单一的来源，通常是一个新闻机构，甚至像英国广播公司这样的权威新闻机构也只是简单地重复他们从这些机构获得的信息，并将其作为自己的信息呈现。BBC的记者在发出报道时经常坐在酒店的房间里，很多时候只是把国内同事告诉他们的内容读回伦敦的工作室。

不愿意相信媒体操纵的第二个因素是大众传媒时代喜欢奉承的全知全能意识：说新闻报道是被操纵的，就是告诉人们他们容易受骗，而这并不是一个令人愉快的信息。

媒体操纵有很多因素。其中最重要的一个是政治图腾。这是促进通过革命夺取政权的合法性的一个非常重要的工具。只要想想一些标志性事件，如1789年7月14日攻破巴士底狱，1917年10月革命期间攻破冬宫，或1922年墨索里尼向罗马进军，就可以看出事件可以被提升为几乎是永恒的合法性来源。然而，政治意象的重要性远远超出了为每场革命发明一个简单的标志的范围。这意味着要对媒体进行更深层次的控制，而这种控制通常要在很长一段时间内进行，而不仅仅是在政权更迭的时刻。必须*不厌其烦地重*复党的官方路线。当今大众传媒文化的一个特点是，许多持不同政见者懒洋洋地、错误地谴责为'**极权主义**'，而这恰恰是因为不同意见可以被表达和发表，但这恰恰是因为，它们只是沧海一粟，从未对宣传的大潮构成威胁。

这种媒体控制的现代大师之一是德国共产党人，约瑟夫-戈培尔（Joseph Goebbels）从他那里学到了他的技能：威利-蒙森伯格（Willi Munzenberg）。门兴格不仅是宣传的发明者，他也是第一个完善创建舆论导向记者网络的人，这些记者宣传的观点符合德国和苏联共产党的需要。在这个过程中，他也发了大财，因为他积累了一个相当大的媒体帝国，从中获利。蒙曾伯格从一**开始就密切参与了共**产主义项目。他是列宁在苏黎世的圈子里的一员，1917年陪同这位未来的布尔什维克革命领袖来到苏黎世的Hauptbahnhof，从那里用密封的火车运送列宁，在德国帝国当局的帮助下，从芬兰站运到**圣彼得堡。随后，列宁呼吁**门兴格反击1921年令人震惊的宣传，当时伏尔加地区的2500万农民开始在新苏维埃国家遭受饥荒。

门岑伯格当时已经回到柏林，后来他在那里作为共产党代表当选为帝国议会议员，他的任务是建立一个假的工人慈善机**构，即**组织工人救济苏维埃俄国饥民的外国委员会，其目的是欺骗世界，使其相信人道主义援助来自赫伯特-胡佛的美国救济局以外的来源。列宁不仅担心胡佛会利用他的人道主义援助项目向苏联派遣间谍（他确实这样做了），而且，也许更重要的是，世界上第一个共产主义国家会因为革命后仅几年就有资本主义美国来援助它的负面宣传而受到致命的伤害。

在   "推销"数百万人死于布尔什维克之手后，芒森伯格将注意力转向了更普遍的宣传活动。他建立了一个庞大的媒体帝国，被称为蒙森伯格信托基金，在德国拥有两份大众化的日报，**一份大众化的周**报，并在世界各地拥有几十家其他出版物的权益。他最大的政变是在萨科-万泽蒂案（1921年**两名意大利无政府主**义移民在马萨诸塞州因谋杀罪被判处死刑）中动员世界舆论反对美国，并在1933年反驳纳粹关于国会大厦大火是共产党阴谋的说法。

人们会记得，纳粹利用这场大火为逮捕和大规模处决共产党人辩护，尽管现在看来，这场大火确实是由当时在大楼里被捕的人--孤独的纵火犯马丁努斯-范德鲁贝--引发的。芒森贝格实际上成功地说服了大部分公众舆论，让他们相信了与纳粹兜售的谎言同等但相反的事实，即后者是自己放的火，以便有借口消灭其主要敌人。

芒森伯格对我们这个时代的主要意义在于，他明白影响舆论制造者的极端重要性。他特别针对知识分子，认为他们由于虚**荣心强**，特别容易受到影响。他的联系人包括20世纪30年代的许多伟大文学家，其中许多人在他的鼓励下支持西班牙内战中的共和党人，并将其作为共产主义反法西斯主义的*重要事业*。

芒森伯格的策略对今天的新世界秩序中的舆论操纵具有首要意义。所谓的   "专家

"比以往任何时候都更多地出现在我们的电视屏幕上，解释正在发生的事情，而他们总是官方党派路线的载体。他们以各**种方式被控制，通常是通**过金钱、奉承或学术认可。

还有第二批文献，它们提出的观点与门森伯格所完善的具体技术略有不同。它涉及到如何通过心理刺激诱导人们以某些集体方式作出反应。

塔维斯托克人类关系研究所正是在此基础上运作的。[4]也许这个理论的第一个主要理论家是西格蒙德-弗洛伊德的**侄子**爱德华-伯纳斯，他在塔维斯托克工作，他的《宣传》一书于1928年出版，认为政府为政治目的组织公众舆论是非常自然和正**确的。他的**书的第一章就以　　　　　　　*"组织混乱"*为题，很有说服力。

伯纳斯写道。

> "有意识地、明智地操纵群众的意见和有组织的习惯是民主社会的一个重要因素。那些操纵这个无形的社会机**制的人构成了一个无形的政府**，这就是我们国家真正的统治力量。"

伯纳斯说，很多时候，这个隐形政府的成员甚至不知道其他成员是谁。他说，宣传是防止公众舆论陷入不和谐混乱的唯一途径。这也是马拉帕尔特所相信的。伯纳斯在战后继续研究这一主题，于1955年出版了《工程同意》，爱德华-赫尔曼和诺姆-乔姆斯基在1988年出版他们的开创性著作《制造同意》时暗指了这一标题。

与弗洛伊德的联系很重要，因为正如我们以后所看到的，

---

[4] 见《塔维斯托克人类关系研究所--塑造美国的道德、精神、文化、政治和经济衰落》，作者约翰-科尔曼，Omnia Veritas有限公司，www.omnia-veritas.com。

心理学是影响公众舆论的一个极其重要的工具。*工程同意》一书*的**两位作者**认为，任何领导人都必须利用人类的基本情感来操纵公众舆论。

例如，多丽丝-E。Fleischmann和Howard Walden Cutler写道。

> "自我保护、野心、骄傲、饥饿、对家庭和孩子的爱、爱国主义、模仿、渴望成为领导者、对游戏的热爱--这些和其他动机是每个领导者在努力赢得公众对其观点的支持时必须考虑的心理原材料......为了保持自信，大多数人需要**确定他**们所相信的一切是真的"。

这就是威利-蒙森伯格所理解的--

人类的基本需求，即相信自己想相信的东西。托马斯-曼暗示了这一点，他将希特勒的崛起归因于德国人民对"童话

"的集体**渴望，而不是在第一次世界大**战中失败的现实的丑陋真相，尽管他在地面上没有被打败。在这方面值得一提的其他作品，与其说是关于现代电子宣传，不如说是关于更普遍的人群心理学。这方面的经典作品有古斯塔夫-勒庞的《*人群心理学*》（1895年），埃利亚斯-**卡内蒂的**《*人群与权力*》（*Masse und Macht*）（1980年），以及塞尔日-查霍廷的《*政治宣传对人群的强奸*》（1939年）。

所有这些书都在很大程度上借鉴了心理学和人类学。还有我最喜欢的作家之一，人类学家勒内-吉拉德的宏伟著作，他关于模仿逻辑（mimesis）和集体暴力行为的著作是理解为什么公众舆论如此容易被激励去支持战争和其他形式的政治暴力的绝佳工具。战后，共产党人门岑伯格完善的许多技术被美国人采用，弗朗西斯-斯托诺-桑德斯（Frances Stonor Saunders）的优秀著作《*谁付的钱*》（在美国出版的《*文化冷战*》）中对此有精美的记录。

斯托诺-
桑德斯非常详细地解释了在冷战初期，美国人和英国人是如何发起一个庞大的秘密行动来资助反共知识分子的。关键的一点是，他们的大部分注意力和活动都是针对左派的，往往是在1939年斯大林与希特勒签署互不侵犯条约时才放弃支持苏联的托洛茨基主义者，而且往往是以前为门岑伯格工作的人。在冷战初期，许多处于共产主义和中央情报局之间的人物都是未来的新保守主义（布尔什维克）的名人，包括欧文-克里斯托尔、詹姆斯-伯纳姆、西德尼-胡克和莱昂内尔-特里林。

新保守主义的左派甚至托洛茨基主义的起源是众所周知的--尽管我继续对我发现的新细节感到惊讶，比如莱昂内尔和戴安娜-特里林是由一位拉比结婚的，对他来说，费利克斯-捷尔任斯基（布尔什维克秘密警察、契卡[克格勃前身]的创始人，相当于海因里希-
希姆莱的共产主义者）是英雄主义的典范。

这些左派的起源与斯托诺-
桑德斯提到的秘密行动特别相关，因为中情局的目标正是要影响共产主义的左翼反对者，即托洛茨基主义者。中情局的看法很简单，右翼反共分子不需要被影响，更不需要付钱。斯托诺-桑德斯引用了迈克尔-华纳的话，她写道。

> "对中情局来说，促进非共产主义左派的战略将成为'中情局在未来20年中反对共产主义的政治行动的理论基础'。"

阿瑟-施莱辛格（Arthur Schlesinger）的《重要中心》（1949年）一书中概述了这一战略，该书是后来新布尔什维克运动的基石之一。

> "支持左翼团体的目的不是要消灭甚至支配，而是要与这些团体保持谨慎的亲密关系，监督他们的思想；为他们提供一个发泄愤怒的喉舌；在极端情况下，如果他们变得过于'激进'，则对他们的行动行使最后的否决权。"

这种左翼影响的方式是多种多样的。美国决心为自己创造一个进步的形象，与 "反动的"苏联相对立。换句话说，他们想做的正是苏联人做的事。例如，在音乐方面，尼古拉斯-纳博科夫（《洛丽塔》作者的表弟）是国会的主要代理人之一。1954年，中情局资助了罗马的一个音乐节，在这个音乐节上，斯大林对里姆斯基-科萨科夫和柴可夫斯基等作曲家的 "专制"喜爱被受勋伯格的十二音符音乐启发的非正统现代音乐所"反击"，后来被用来宣传披头士乐队。

> "对纳博科夫来说，通过推广一种宣布自己压制自然等级制度的音乐，可以传达出明确的政治信息......"

对其他进步人士的支持是在杰克逊-波洛克（Jackson Pollock），他自己也是一个前共产主义者，也被中央情报局提拔。他的**涂鸦**被认为代表了美国的 "自由"意识形态，反对社会主义现实主义绘画的独裁主义。

(这种与共产党人的联盟在冷战之前就已经存在了）。墨西哥共产主义壁画家迭戈-里维拉得到了艾比-奥尔德里奇-洛克菲勒的支持，但当里维拉拒绝从1933年画在洛克菲勒中心墙上的人群场景中移除列宁的画像时，他们的合作戛然而止）。

这种文化和政治的交集是由中情局的一个机构明确推动的，该机构有一个奥威尔式的名字，即心理战略委员会。1956年，它秘密地推动了大都会歌剧院的欧洲巡演，其政治目的是鼓励多元文化主义。组织者Junkie Fleischmann说。

> "在美国，我们是一个大熔炉，我们这样做表明，人们可以不分**种族、肤色或信仰地**相处。通过使用'大熔炉'或其他类似的短语作为主题，我们可以把大都会作为一个例子，说明欧洲人如何在美国相处，因此，某种欧洲联邦是相当可行的。"

这正是本-

沃滕伯格等人使用的论点，他的《第一个世界性国家》一书认为，美国拥有全球霸权的特殊权利，因为它体现了世界上的所有国家和**种族**。纽特-金里奇和其他新保守主义者也表达了同样的观点。在所宣传的其他主题中，有些是当前新布尔什维克思想的前沿。其中第一个是对道德和政治普遍主义的明显的自由主义信仰。今天，这种信念是乔治-W-布什外交政策哲学的核心；他多次表示，政治价值观在世界各地都是一样的，并利用这一假设为美国军事干预支持"民主"提供理由。

在20世纪50年代初，PSB（心理学战略委员会很快就以其首字母命名，大概是为了隐藏其真实姓名）的主任雷蒙德-艾伦已经得出了这个结论。

> "《独立宣言》和《宪法》中所体现的原则和理想是为了出口，是各地人民的遗产。我们应该呼吁所有人的基本需求，我相信这些需求对于堪萨斯州的农民和旁遮普州的农民是一样的。"

当然，把思想的传播仅仅归功于秘密操纵是不对的。它们在大规模的文化潮流中找到自己的力量，其原因是多方面的。但毫无疑问，这些思想的支配可以通过秘密行动得到很大的便利，特别是由于大众信息社会的居民具有奇特的暗示性。

他们不仅相信他们在报纸上读到的东西，而且还认为他们自己已经得出了这些结论。因此，操纵公众舆论的诀窍恰恰在于伯纳斯的理论、蒙森伯格的倡议以及中情局将其提升为一种艺术形式。据中情局特工唐纳德-詹姆森说。

> "就中情局希望通过这些活动激发的态度而言，很明显，它希望产生的是那些通过自己的推理和信念，被说服的人，无论美国政府做什么都是正确的。"

换句话说，中情局和其他美国机构当时所做的是采取我们与意大利马克思主义者安东尼奥-

葛兰西有关的策略，他认为 "文化霸权
"对社会主义革命至关重要。

最后，关于虚假信息的技术有大量的文献。我已经提到了
一个重要的事实，它最初是由查科廷提出的，即记者和媒
体的作用对于确保宣传的一致性至关重要：*"宣传不能放假
"*，他写道，*"因此制定了现代虚假信息的关键规则之一，
即所需的信息必须非常频繁地重复，如果它要得到传播的
话"*。最重要的是，查科廷认为，宣传活动必须由中央指导
并高度组织，这已经成为现代政治旋涡时代的常态；例如
，英国工党议员在没有事先征得唐宁街10号通讯主任的同
意之前，不得向媒体发表讲话。

塞夫顿-德尔默既是这种 "黑色宣传
"的实践者也是理论家。德尔默创建了一个假电台，在第二
次世界大战期间从英国向德国广播，并制造了一个神话，
即有反对希特勒的 "好的
"爱国德国人。虚构的事实是，该站实际上是德国的一个地
下车站，而且它的频率与官方车站的频率相近，因此得以
维持。这种黑色宣传已经成为美国政府旋转武器库的一部
分；《纽约时报》披露，美国政府制作支持政策的报告，
然后在正常渠道播出，并将其作为广播公司自己的报告来
介绍。

还有很多这样的作者，其中一些已经被提及。库尔齐奥-
马拉帕尔特在西方是最受忽视的，主要是因为很少有人知
道他。但是，与今天的讨论最相关的作品也许是罗杰-
穆奇利的《颠覆》，该书于1971年以法文出版，显示了虚
假信息是如何从战争的辅助战术转变成主要战术的。他说
，战略已经发生了很大的变化，现在的目标是征服一个国
家，甚至不需要对其进行人身攻击，特别是通过利用其内
部的影**响力**。

这基本上就是罗伯特-
卡普兰在2003年7月/8月为《大西洋月刊》撰写的文章中提

出和讨论的内容："隐形的最高权力"。[5]作为世界新秩序和美国帝国最**阴**险的理论家之一，罗伯特-

卡普兰明确主张使用不道德和非法的权力来促进美国对整个世界的控制。他的文章讨论了使用秘密行动、军事力量、肮脏手段、黑色宣传、秘密影响和控制、形成舆论以及政治暗杀等其他东西，所有这些都受制于他对 "**异教**伦理"的总体呼吁，作为确保美国统治的一种手段。

关于穆切利的另一个关键点是，他是最早使用假的非政府组织--或称之为 "前线组织"--来实现另一个国家内部政治变革的理论家之一。与马拉帕尔和托洛茨基一样，穆契尔利也明白，决定革命成败的不是 "客观"环境，而是通过虚假信息对这些环境造成的看法。他还明白，历史上的革命，总是以群众运动的产物自居，实际上是**极少数高度**组织化的阴谋家的杰作。

事实上，穆切利再次追随托洛茨基，强调必须将沉默的大多数严格地排除在政治变革的机制之外，这正是因为政变是少数人而不是多数人的工作。

公**众**舆论是行使颠覆的 "论坛"，穆切利展示了可以利用媒体制造集体精神病的各**种方式。他**说，心理因素在这方面极其重要，特别是在追求重要战略方面，如打击社会士气。必须使敌人对自己事业的力量失去信心，同时必须尽一切努力使他相信他的对手是不可战胜的。

---

[5] "通过隐蔽性实现至上"。

第七章

军队的作用

在进入第二部分，即对现在的讨论之前，最后一个历史要点是军队在开展秘密行动和影响政治变革中的作用。当代一些分析家乐于承认今天正在部署这一角色：罗伯特-**卡普**兰赞许地写道，美国军队正在而且应该被用来"促进民主"。**卡普**兰认为，一个美国将军的电话往往比当地美国大使的电话更能促进第三国的政治变革。他还赞许地引用了一位陆军特种作战军官的话。

> "无论谁是肯尼亚总统，都是同一批人管理他的特种部队和总统的保镖。我们已经训练了他们。这可以转化为外交杠杆。"

瑞士学者Daniele Glaser最近在他的《北约的秘密军队》一书中讨论了这种情况的历史背景。

他的叙述从1990年8月3日时任意大利总理朱利奥-安德烈奥蒂（Giulio Andreotti）承认，自第二次世界大战结束以来，他的国家一直存在一支被称为 "格拉迪奥"的秘密军队，它是由中央情报局和军情六处创建的，并由北约的 "非正统战争 "部门负责协调。

在这里，库尔齐奥-马拉帕尔特的著作在西方又被忽视了。格拉塞因此证实了战后意大利最古老的谣言之一。许多人，包括调查法官，早就怀疑格拉迪奥不仅是美国人在西欧各地建立的秘密军队网络的一方，以抵抗假定的苏联占领，而且这些网络已经开始影响选举结果，甚至与恐怖组织形成险恶的联盟。意大利是一个特别的目标，因为共产党在那里非常强大。

最初，建立这支秘密军队是为了防范入侵的可能性。但在没有入侵的情况下，它似乎已经迅速转向秘密行动，以影响政治进程本身。有充分的证据表明，美国人确实进行了大规模的干预，特别是在意大利的选举中，以阻止国际共产党掌权。正是因为这个原因，美国向意大利基督教民主党支付了数百亿美元的资金。

格拉瑟甚至声称，有证据表明格拉迪奥小组进行了恐怖袭击，目的是指责共产党，并吓唬民众要求增加国家权力以"保护
"他们免受恐怖主义之害。格拉瑟引用了被判定安放这些炸弹之一的文森佐-文琪拉（Vincenzo
Vinciguerra）的话，他适当地解释了这个网络的性质，他是这个网络的一个小兵。

他说这是 "为稳定而破坏稳定"战略的一部分。

> "有必要攻击平民，人民，妇女，儿童，无辜的人，远**离任何政治游**戏的未知的人。原因非常简单。这是为了迫使这些人，即意大利公众，转向国家，要求更多的安全。这就是所有不受惩罚的屠杀和袭击背后的政治逻辑，因为国家不能谴责自己或宣布自己对所发生的事情负责。"

与围绕9/11的**阴**谋论的联系很明显。格拉塞提出了大量确凿的证据，证明这就是格拉迪奥的所作所为，他的论点强调了与红色旅等极左团体结盟的耐人寻味的可能性。毕竟，当阿尔多-
莫罗被绑架并在不久后被谋杀时，他正亲自前往意大利议会提交一**份社会主**义和共产主义联合政府的方案--
这正是美国人决心要阻止的事情。

新世界秩序的新阶段被称为
"超越**阴**谋的时期"，因为新世界秩序的管理者被他们最近

的成功所鼓舞，他们不在乎他们的计划已经变得相当透明。**确定** "超越**阴谋**"阶段的一个最明显的方法是寻找涵盖世界新秩序管理者的一项新政策的文件；创造革命（实际上是政变），而不是对目标国家发动武装入侵。同样，库尔齐奥-马拉帕尔特的著作似乎是一切问题的根源。

显然，越南战争的失败，以及美国军队在1991年和2002年再次入侵伊拉克，使300人委员会相信政变比实地的军事冲突更可取。这并不排除空中轰炸的可能性，但也已经确定，仅靠轰炸不足以克服目标国家的现有秩序，除非是像1944-1945年对德国进行大规模轰炸那样的规模。

应该从这个角度来看待世界各地接连发生的"革命"。2003年11月，格鲁吉亚总统爱德华-谢瓦尔德纳泽被推翻后，"超越**阴谋**"的新政治被认真启动，示威、游行和议会选举被操纵的指控被西方媒体广泛宣传，尽管没有可信的证据来证实选举欺诈。

一年后，即2004年11月，乌克兰发生了所谓的"橙色革命"，同样被指责为大范围的选举舞弊，导致国家分裂。乌克兰有大量亲俄人口，选举舞弊本来没有必要维持乌克兰与俄罗斯的历史关系，但2004年的事件--一场虚拟政变--使该国走上了成为北约和欧盟永久成员的轨道。

自发的人民革命神话的生存令人沮丧，因为即使粗略地研究一下在书面声明和各种出版物中发现的事实，也会发现它不仅仅是一个神话，我敢说是一个公然的谎言。当然，所谓的"橙色革命"背后的美国组织，主要是受到马拉帕尔特思想的启发，得到了华盛顿的无限资金支持，以及西方媒体和中央情报局非常乐意的合作，说革命的发生需要先决条件是错误的。对马拉帕尔特来说，就像对托洛茨基一样，只要有一群人有足够的决心去实现它，就可以在任何国家推动政权更迭，包括西欧的稳定民主国家。

对中情局来说，促进非共产主义左派的战略将成为
"中情局在未来20年反对共产主义的政治行动的理论基础"
。

阿瑟-施莱辛格（Arthur
Schlesinger）的《重要的中心》（1949年）中概述了这一战
略，这本书是后来新保守主义运动的基石之一。斯托诺-
桑德斯写道。

> "支持左翼团体的目的不是要消灭甚至支配，而是要与
> 这些团体保持谨慎的亲密关系，监督他们的思想；为他
> 们提供一个发泄愤怒的喉舌；在极端情况下，如果他们
> 变得过于'激进'，则对他们的行动行使最后的否决权。"

左派的影**响体**现在不同方面。美国决心塑造一个进步的形
象，与   "反动的
"苏联相对立。但与今天的辩论最相关的也许是罗杰-
穆奇利（Roger
Mucchielli）的《颠覆》一书，该书于1971年以法语出版，
显示了虚假信息是如何从战争的辅助策略转变为主要策略
的。

他说，这一战略已经有了很大的发展，现在的目标是甚至
不需要实际攻击就能征服一个国家，特别是通过利用其内
部的影**响力**。这基本上就是罗伯特-
卡普兰在2003年7月/8月为《大西洋月刊》撰写的文章
"隐蔽的至上主义 "中提出和讨论的内容。

世界新秩序和美帝国最**阴**险的理论家之一罗伯特-
卡普兰明确主张使用不道德和非法的权力来促进美国对整
个世界的控制。他的文章讨论了使用秘密行动、军事力量
、肮脏手段、黑色宣传、秘密影响和控制、形成舆论以及
政治暗杀等其他东西，所有这些都受制于他对 "**异教徒**伦理
"的总体呼吁，作为延续美国霸权的一种手段。

第八章

伊拉克的耻辱

对目标国家的完整性和生存能力的侵蚀一直是西方殖民项目的一个有意识的目标。制造不稳定和对现有现实的不满，是 "驯服"并随后将土著人民纳入主导的等级模式的必要前提。当然，今天，我们被告知，殖民主义属于过去。国际社会的大国不再寻求奴役他们不太幸运的邻居，而是奉行全球仁慈的政策--

当然是在良性竞争的限制下。我们没有被告知这种神奇的改变是什么时候发生的，但也许它是逐渐发生的，与世界上贫富差距的扩大同时发生。无论如何，只要看一眼穆斯林世界的状况，就足以打破这种愚蠢的幻觉。

随着伊拉克社会在混乱中越陷越深，各类喜剧演员和评论员大肆渲染我们领导人的所谓无能和愚蠢。但正如*加拿大《旁观者》*最近提出的，如果美国不是由小丑领导，那将是一件好事。

> "结论是，穆斯林世界的混乱、贫困和内战......远不是意外的后果，恰恰是美国政策的目标。

造成目前状况的原因是，正如我刚才所说，300人委员会已经从它一直以来运作的全球阴谋的阴影中走出来，出现在公**开**场合，超越阴谋。不再有任何伪装；一个世界政府内的新世界秩序是公**开的目标**。与反恐战争的触发事件9/11一样，无能是对今天伊拉克噩梦般情景的首选解释。尽管对西方驯化的民众来说，故意按种族划分伊拉克的计划是违反直觉的，但公布的文件充分证实了这一点。美国外交

关系委员会最近复活了旧的犹太复国主义计划，呼吁解散"不自然的伊拉克国家"。由于其**种族多**样性，伊拉克被说成是一个虚假的、人为的构造，是20世纪初任意殖民决定的产物 。这一判断可以适用于世界上许多国家，但这一主题却被许多 "专家"热情采纳，他们做梦也想不到会质疑魁北克、巴斯克地区或北爱尔兰的国家主权。典型的是，新布尔什维克政治分析家迈克尔-克莱尔最近称伊拉克是一个"被发明的"国家。

> "...为了方便他们在该地区开采石油，英国人通过遣返前奥斯曼帝国的三个省**份**，**建立了虚构的**"伊拉克王国"。 ......并从后来成为沙特阿拉伯的地方空降了一个假国王。"

克拉尔接受了布什政府为入侵提供的虚假理由，将逊尼派的抵抗归因于他们希望在未来国家分治中获得更大的石油收入**份**额。没有人认为抵抗活动超出了 "逊尼派"的范围，或者可能是出于伊拉克民族主义或自决的需要而进行的。归根结底，西方学术界随意决定重塑他们所选择的国家，是由于300人委员会的持续遗产。

以经典的19世纪 ，谈话者认为，尽管伊拉克有五千年的历史，但现在没有能力管理自己，因此其命运必须由外部势力决定。一个在1991年经受住了六个星期的历史上最密集的轰炸行动的国家（据联合国称，该行动使伊拉克处于"前工业时代"），并在有史以来对一个国家实施的最残酷和最具破坏性的制裁中继续生存，现在却被所谓的西方专家轻率地归于历史。为了支持他们的论点，在"人道主义干预"匪徒的怂恿下，记者们每天都在兜售古老的教派仇恨的神话，他们不质疑 "教派"攻击的起源，也不报道普通伊拉克人的观点（他们指责占领军及其傀儡政府造成了精心策划的混乱局面）。

占领伊拉克的准备工作几乎在1991年第一次进攻后立即开始。此外，由于这次名为 "沙漠风暴

"的非法攻击没有得到美国宪法的认可，而且在艾默里奇-瓦特尔的《万国公法》（美国宪法主要依据的 "圣经"）中找不到任何权威，美国从悬崖上跌入了野蛮的峡谷，与中世纪甚至后来蒙古人入侵欧洲时的情况相媲美。

"沙漠风暴

"是最糟糕的无法无天的强盗行为，美国注定要为此付出高昂的代价。在老布什的唯一要求下，在该国北部和南部任意设置禁飞区，公然违反国际法和美国宪法，在西方媒体的亵渎默许下，已经将该国划分为三个相互对立的地区，为一个国家在古代和现代历史上遭受的最严重暴行之一创造了条件。

2003年萨达姆-侯赛因政府倒台后，有组织地洗劫博物馆（丢失了17万件物品）和焚烧图书馆的行为首次表明了将要发生的事情。后来，当占领军的第一任首脑杰伊-加纳将军建议保留伊拉克军队并建立一个联合政府时，国防部长拉姆斯菲尔德将他免职。他的继任者保罗-布雷默随后解散了军队和其他重要的国家机构，同时在这个过程中 "损失 "了约90亿美元的伊拉克石油收入。

重组后的傀儡军队几乎全部由库尔德人和什叶派成员组成。与此同时，不知名的刺客开始针对伊拉克学术界，最终造成该国巨大的 "人才流失"，进一步削弱了该国的恢复能力。随着武装反对派团体在该国的活跃，一系列事件接踵而至，这些事件具有秘密行动的特征，旨在煽动教派冲突并玷污伊拉克抵抗运动。以下是对最可疑事件的简要总结。

占领四个月后，一枚卡车炸弹撕裂了联合国总部，炸死了特使塞尔希奥-比埃拉-德梅洛和其他19人，亲近的布雷默领事提出了两个可能的罪魁祸首："萨达姆的忠臣或外国叛乱分子。然而，临时政府的艾哈迈德-查拉比（Ahmed

Chalabi）在一周前就得到了**关于**这次袭击的警告。恰拉比曾被警告说，将有一个 "容易的目标"受到攻击，但这个目标"既不是联军当局，也不是联军部队"。但是，联合国，其安全在那天被撤销了，却从未被警告过。

2003年11月，随着游击队运动给美军造成重大损失，媒体和临时政府当局开始进行教派洗脑。在几周的内战恐慌之后，在**卡**尔巴拉和巴格达发生的协调爆炸造成143名什叶派平民死亡。基地组织 "难辞其咎，但记者罗伯特-菲斯克提出了一个显而易见的问题：*"如果一个逊尼派暴力团体想把美国人赶出伊拉克......他们为什么要把什叶派人口......60%的伊拉克人，变成他们的敌人？"*没有得到答**复**，**无**意义的攻击增加了。

2004年2月初，美国当局声称截获了一条来自伊拉克的信息，要求 "基地"组织帮助煽动内战。几乎就在同时，似乎是为了强调这一信息，在伊斯坎**达里**亚小镇发生的爆炸造成50名什叶派教徒死亡。*独立报》*报道说："恐怖分子正在引起人们对内战的担忧。"这与该镇的居民相矛盾，他们毫无例外地将爆炸归咎于美国的空袭。"他们听到头顶上有一架直升机，在爆炸前有导弹的爆炸声。

爆炸本身留下了一个深**达一米半的**弹坑，与汽车炸弹相比，更像是一枚导弹。

与母体组织一样，这个团体没有任何东西是真实的。直到2004年，完全属于逊尼派的 "基地"组织从未对什叶派说过一句话。但是，随着伊拉克抵抗运动获得不可抗拒的势头，显然已经死亡的约旦武装分子阿布-穆萨布-扎卡维突然重新出现。他呼吁对 "**异教徒**什叶派社区**开**战，然后领导了一场平行运动，其特点是对平民的无端攻击，而不是将美国赶出伊拉克。

在接下来的几年里，**每当美国在伊拉克**发动大规模袭击时，扎卡维就会被方便地 "发现"藏身。2004年11月对费卢杰的攻击是用白磷进行的，在废墟下至少造成6000人死亡，然而美国的监视是如此严密，以至于显然有人观察到扎卡维带着他的一条木腿在第一天就逃走了在伊拉克人中，多才多艺的扎卡维被视为一种流动的大规模杀伤性武器，能够出现在需要的地方。他的故事直到最后仍然令人难以置信，公布的照片显示，一个被5001b炸弹炸死的人的身体略带伤痕。当涉及到几乎每天都在伊拉克发生的多种捏造的情况时，真相肯定比小说更奇怪。

2004年4月，游戏已经真正开始。费卢杰成为反抗军公开控制的第一个主要城市。同时，美国的镇压激起了什叶派迈赫迪军队的起义，美国发现自己在两条战线上作战。随后举行了大规模的宗教间团结示威：4月9日，20万名逊尼派和什叶派教徒聚集在巴格**达最大的**逊尼派清真寺进行集体祈祷，主要传教士嘲笑内战的可能性是美国延长占领的一个借口。

当美国为夺回费卢杰而不顾一切地从空中猛击该城市时，面临着全世界的抗议声浪。随后，阿布格莱布拘留中心系统性酷刑的照片被泄露给媒体，结束了美国在世界舆论中保留的一点信誉。然而，为了转移人们对这一负面报道的注意力，迄今不为人知的武装团体开始绑架外国公民，并播放可怕的视频，其中绑架受害者在绑架者的要求未得到满足时经常被斩首。

第一个受害者是商人尼克-伯格，据称是在阿布格莱布的一次 "报复"中。这起据称是扎卡维所为的谋杀案，在独立媒体对处决视频的真实性提出质疑后受到了审查。经查，这段视频最早是从伦敦上传到互联网上的，在一位墨西哥法医对这段视频进行检查后，许多观察家都认为，影片中的男子被斩首时已经是一具尸体。

玛格丽特-哈桑（Margaret

Hassan）是一名英裔爱尔兰援助工作者，她在伊拉克生活了30年，为需要帮助的伊拉克人的福利奉献了一生，为反对联合国的制裁和反对英美的入侵进行了不懈的斗争。因此，当**她在**2004年秋季上班途中被绑架时，伊拉克人感到不可思议。自发开展的宣传活动，首都的广告牌上出现了一张显示哈桑抱着一名伊拉克病童的海报。"玛格丽特-哈桑**确**实是伊拉克的女儿，"它写道。伊拉克医院的病人上街抗议劫持人质者，包括扎卡维幽灵在内的知名抵抗组织呼吁释放她。

俘虏他的人没有提出任何具体要求，但在囚禁视频中，哈桑恳求英国军队撤离。在以前的案例中，这些团体都表明了自己的身**份，并利用**视频来提出他们的要求。但玛格丽特-哈桑的绑架案从一开始就与众不同。这个团体没有使用具体的名称，也没有使用旗帜或旗子来识别自己。他们的视频中没有常见的蒙面枪手或诵读古兰经的内容。其他被绑架的妇女   "在绑架者承认其清白的情况下"被释放。但在哈桑的案例中却没有，尽管她能说流利的阿拉伯语，并能用自己的语言向俘虏解释她的工作。一段据称显示她被处决的视频很快浮出水面，一名伊拉克男子穆斯塔法-萨勒曼-朱布里（Mustafa Salman al-Jubouri）后来因协助和教唆绑架者而被巴格达法院判处终身监禁。迄今为止，没有任何团体声称对该行为负责。

在路边开始出现成堆的尸体--匿名刺客的受害者之后很久，《新闻周刊》杂志报道了五角大楼利用行刑队消灭伊拉克抵抗战士及其支持者的计划。萨尔瓦多方案"是根据20世纪80年代中美洲的一次类似运动命名的，随后**关于内政部参与新**兴行刑队的报告证实了这一点。随着伤亡人数的增加，企业媒体通过逊尼派狂热分子针对无辜的什叶派平民的镜头来过滤这一事件。但事实告诉我们一个不同的故事。根据战略与国际研究中心的一份报告，大部分抵抗性攻击（75%）是针对联军的，远远超过他们研究中的任何其他类别（攻击按数量、目标类型和死伤人数分类）。

与媒体形象相反，平民目标只占袭击的4.1%。在巴格达的30万什叶派教徒举行了自1958年以来最大规模的民众示威之后，朱奈德-阿拉姆先生想知道。

> "如果什叶派认为大部分以逊尼派为基础的武装抵抗力量（也反对占领）试图杀死他们，他们还会有如此大量的什叶派出来抗议占领吗？"

2005年，使用汽车炸弹的情况急剧增加，往往是针对无辜的平民目标。尽管据信扎卡维网络在伊拉克的人员不超过一千人，但它显然拥有取之不尽、用之不竭的人员，愿意为圣战牺牲自己的生命。然而，其他的说法则提出了一个不同的解释。

2005年5月，前伊拉克流亡者伊马德-**卡杜里** （Imad Khadduri）报告说，一名在巴格达被没收驾照的司机在美军营地被审问了半个小时，被告知不会对他提出指控，然后被引导到哈迪米亚（al-Khadimiya）警察局取回驾照。

*司机匆匆忙忙地**开走了**，**但他很快就感**觉到他的车载着重物，他还警惕着一架低空飞行的直升机，它一直在他头上盘旋，似乎在跟踪他。他拦下了这辆车，发现后座上藏有近100公斤的爆炸物。对这一事件的唯一可能解释是，这辆车确实被美国人放了诱杀装置，目的地是巴格达的什叶派居民区al-Khadimiya。这架直升机正在监测其动向，并目睹了计划中的"外国分子的可怕攻击"。"*

(据**卡杜里**说，这种情况在摩苏尔再次出现，当时一名司机的汽车在前往警察局领取驾照的路上发生故障。然后他转过身来，发现备胎里装的是炸药）。

同月，64岁的农民哈伊-**海达尔**（Haj

Haidar）在从希拉（Hilla）到巴格**达**（Baghdad）的途中被美国检查站拦下，他的皮卡车被从上到下搜查了一遍。他11岁的孙子被允许继续，他告诉他，他看到一名美国士兵在番茄容器的中间放了一个瓜子大小的灰色物体。

意识到这辆车是他唯一的工作手段，海达尔忍住了最初想**跑的冲**动，从他的卡车上取下物品，把它放在附近的一条**沟里**。他后来得知，该物体实际上已经爆炸，杀死了一个路过的牧羊人的部分羊群。

这时，伊拉克传奇记者 "河边"写道，许多所谓的自杀式爆炸实际上是汽车炸弹或远程引爆的定时炸弹。它讲述了在巴格达西部发生巨大爆炸后，一名男子因**涉嫌**枪杀一名国民警卫而被逮捕。但据该男子的邻居说，他远没有向人开枪，而是看到……。

> ……一支美国巡逻队经过该地区，在爆炸前几分钟停在炸弹现场。他们离开后不久，炸弹就爆炸了，随后出现了混乱。他**跑出家**门，向邻居和路人喊话，说美国人要么**安放了炸**弹，要么看到了炸弹，但什么都没做。他很快就被带走了。

2005年9月19日，在巴士拉，可疑的伊拉克警察拦住了乘坐**丰田克雷西达汽**车的便衣英国士兵。这两名男子随后开火，杀死一名警察，并打伤另一名警察。最终被俘，他们被BBC**确**认为精英SAS**特种部**队的成员。这些士兵戴着假发，打扮成阿拉伯人，他们的车里装满了炸药和牵引设备。伊拉克国民议会议员法塔赫-沙伊赫（Fattah al-Shaykh）告诉半岛电视台，这辆车应该是在受欢迎的巴士拉市场中心爆炸的。但在他的理论得到证实之前，英国军队的坦克推平了当地的监狱牢房，释放了他们阴险的特工。**策划教派混乱的**计划在占领的第三年变得更加明显。在一起事件中，巴格**达警方通知什叶**派迈赫迪军队指挥官，马丹村附近的枪手扣押了150名什叶派平民作为人质。

当民兵们派战士进入该地区谈判释放他们时，他们遭到了枪击，至少损失了25人。民兵助手迈赫迪说："我认为这是个圈套；枪声太大。"他补充说，袭击者使用了狙击手和重机枪。该镇的居民不知道所谓的劫持人质事件，在现场也没有发现人质。尽管无情的教派洗脑显然产生了影响，但伊拉克人继续拒绝内战的想法。

然而，在萨迈拉的金色清真寺被毁之后，伊拉克境内的杀戮规模急剧增加。据清真寺的守卫说，对这次关键袭击负责的人穿着伊拉克国民警卫队的制服。一直在该地区巡逻的伊拉克国民警卫队和美军联合部队目睹了民兵对一座逊尼派清真寺的袭击，这是预先计划的 "回应 "的一部分。'

然而，据萨米-拉马达尼说，大多数普通伊拉克人的反应却非常不同。

> *大部分自发的抗议游行都不是针对逊尼派清真寺的。在被炸的**圣殿附近**，**当地的**逊尼派与该市的什叶派少数民族一起谴责占领国，并指责其对这一暴行负有责任。在库特，由萨德尔的马赫迪军队领导的游行队伍烧毁了美国和以色列国旗。在巴格**达的**萨德尔城地区，反对占领的游行是大规模的。*

然而，西方媒体现在可以抓住每一个事件作为社会解体不可修**复的**证据。专栏作家丹尼尔-派普斯(Daniel Pipes)赞许地指出，教派纷争将减少对美军的攻击，因为伊拉克人相互争斗。他的评论随后在福克斯新闻上被重复播放，屏幕上的说明是："内战的好处　　　　　　　　"和"伊拉克的全面内战：这是一件好事吗？"

为对伊拉克进行的可怕的殖民主义攻击辩护的关键是无情地编造宣传。虽然无法证明，但布什政府中一定有人研究过库尔齐奥-马拉帕尔特。

扮演者托马斯-弗里德曼曾将萨达姆的伊拉克比作私刑发生时的种族隔离的阿拉巴马州。什叶派和库尔德人被认为是亚人类。

尽管卫生部长是库尔德人，政府也曾有过两位什叶派总理

（萨登-胡马迪和穆罕默德-
祖拜迪），但副总统是基督徒这一事实从未干扰过弗里德曼的
"分析"。事实上，伊拉克人很少问及他们所负责的领导人和官员的宗教或种族问题。这根本不是他们关心的问题。

同时，对于　　　"人权　　"大军来说，《独立报》的约翰-哈瑞（Johann
Hari）等宣传家正在为这个国家构建一个二维的漫画，在这个国家里，一个邪恶的政权每年都在谋杀7万名自己的公民（没有人真正注意到）。然而，尽管复兴党政府承认犯罪，但在20世纪90年代，游客走过巴格达时可以不遇到坦克、汽车炸弹、绑架、空袭、燃料短缺、断电和巨大的拘留所。无论萨达姆的罪行规模有多大，与美国占领军的罪行相比都相形见绌。

萨达姆并不打算解散政府、军队、民事机构，掠夺博物馆，杀害教师和知识分子，对基督徒和逊尼派进行种族清洗，并煽动教派间的暴力。萨达姆并不打算增加营养不良，减少饮用水的流动，切断电力，取消社会安全网，增加贫困和失业，或者让伊拉克人在恶性的生存斗争中互相对立。

萨达姆没有辜负新保守主义的　　　　　　　　　"创造性破坏"理论，他故意让整个国家陷入混乱，破坏了伊拉克的社会结构，使人民只能躲在民兵中寻求保护。事实是，全球石油生产高峰的临近，有可能致命地削弱美国的权力集团。

因此，萨达姆的伊拉克，一个在地球上最具有战略意义的地区的独立的、富含石油的国家，不能被允许生存。但对占领的顽强抵抗迫使美国转向其应急计划（当然，官方没有）。在这个计划中，正在制定类似于奥德-伊农提议的国家三方巴尔干化的方案。现有的独立国家将被瓦解，取而代之的是一系列软弱和温顺的保护国。

具体情况可能非常不同，但南斯拉夫被设计的解体肯定可

以作为这种肢解的模式。

戴安娜-
约翰斯顿写道："到了1990年代，以美国为首的国际社会对国家建设不再感兴趣。民族国家的解构与经济全球化的措施更加一致"。

为此，在伊拉克和南斯拉夫，美国与　　　　　　"国家分裂者"和教派狂热分子结盟，同时公开声称要捍卫国家主权。为了防止误解，新布尔什维克的思想家们已经说得很清楚了：他们说，在没有镇压性国家控制的情况下，"自然"的教派紧张关系将不可避免地出现。因此，在他们的仁慈指导下，必须允许伊拉克分解成其民族成分。

在1991年轰炸伊拉克和老乔治-布什宣布美国霸权的"世界新秩序"之后，外交政策论坛有效地宣布了民族国家的消亡。事实上，二战后西方发展模式的全球强加，已经结束了国家的传统独立性。新"意识形态只是对当地事实的认可。苏联解体后，著名的反民族国家意识形态倡导者预言了　　　　　　　　"历史终结"的来临，世界上所有的人都将融入一个全球性的、城市的、资本主义的和消费主义的生活方式。

这样一来，"隐藏在过去冲突背后的混乱的文化、价值观和信仰的多样性"将在政治和文化同质化的总体过程中被压制。现在预测这**种妄想的**结局还为时过早，但全世界的人们都在选择打造自己的未来，对超级精英的建议越来越充耳不闻。在伊拉克，全球意识比其他地方更强。

因此，预测的广泛的教派冲突的爆发并没有实现。随着武装抵抗力量加强对美国的斗争并公开对抗萨拉菲圣战恐怖分子，一个吊坠在伊拉克人中变得极为流行。在大街上和电视上都能看到它，女主持人在读新闻时都戴着它。该吊坠的形状像伊拉克。

当电视频道显示青少年在费卢杰挥舞卡拉什尼科夫手枪对抗世界上最强大的军队时，这些图像表明这是一场最重要的斗争。但在武装抵抗的同时，记者、知识分子、工会成员和各行各业的伊拉克人正在自己的土地上与军工大国对抗。

第九章

超越阴谋的战争计划

就像所有所谓的 "危机情况 "一样，"危机"是由一个捏造的情况产生的。卢西塔尼亚号的沉没、日本对珍珠港的袭击以及据称在北部湾对美国舰队的鱼雷艇袭击，使约翰逊总统得以派遣美国军队进入越南，都是完美的例子。我希望我已经证明，对南斯拉夫的无端攻击是这些捏造情况的延续，正如2001年以伊拉克拥有想象中的 "大规模杀伤性武器 "为借口对伊拉克的攻击一样。我想没有什么比从已故总统米洛舍维奇的口中说出克林顿下令对南斯拉夫发动战争的真相更好的方式了。

首先，就已故的米洛舍维奇总统而言，西方媒体的描述是不正确的：聪明、冷静、有尊严，是一个知道自己是谁的人，不需要宣传自己。

与奥尔布赖特不同的是，米洛舍维奇的父亲要对属于他所租住的公寓主人的珍贵艺术收藏品被盗负责，几个中立的外国政府代表对米洛舍维奇的诚实作了评论，他们说他的行为总是充满信心和尊严。

在解释所发生的事情时，已故的斯洛博丹-米洛舍维奇清楚地表明了谁是针对塞尔维亚的战争的煽动者。

> *"南斯拉夫是一个现代联邦，有不同的文化，不同的遗产，生活中没有太多的不和谐，谁是马其顿人，谁是克罗地亚人等问题是从外部强加的，特别是美国人霍尔布鲁克。直到这时，问题才出现了。没有一个对他们的福*

利感兴趣的人会开始鼓动南斯拉夫的解体，而部分克罗地亚人生活在波斯尼亚等等？还是穆斯林？而我们会变成什么样子，被分割成小国家？

在欧洲，人们不承认文化和种族差异。每个国家都需要新的公式，以尊重的方式处理文化和民族差异。南斯拉夫有这样一部法典。北约应该是一个联盟。一个联盟意味着平等的国家。但事实上，北约是美国霸主强加的一个战争机器。美国作为最强大的国家，渴望发挥领导作用，这是可以理解的。美国人可能是仁慈的。但是，你们却选择了凯撒的道路，流着血，杀着国。所以你错过了千禧年，而不仅仅是本世纪。如果不是悲剧性的，那就太滑稽了。

一切都变得透明。考虑一下这段非常简短的历史。1997年10月，东南欧国家的领导人开会，我们所有人都在开会。我们建立了一个非常好的理解。我提议："让我们为自己做一些事情。让我们消除我们之间的关税。会议进行得非常顺利。我与阿尔巴尼亚总理法托斯-纳诺当面进行了出色的讨论。我们讨论了开放边界的问题，他说科索沃是我们国家的内部问题。这次会议的信息是，在东南欧，事情将通过相互协商来解决。一个月后，我收到了德国外交部长克劳斯-金克尔和法国外交部长休伯特-韦德林的信，说他们对阿尔巴尼亚人非常关注。然后，当然，BND[德国特工局]在1998年组织了所谓的KLA。他们开始射击，杀害邮差、林务员；他们在咖啡馆、绿色市场附近投掷炸弹。我们的反应与任何国家一样。到1998年夏天，它们已经消失了，被摧毁了。这时，巴尔干特使]理查德-霍尔布鲁克来到这里，坚持要求允许他的武装人员进入科索沃--作为观察员，他说：我们谈过。我们的讨论是令人沮丧的。我们前一天解决了一个问题，第二天霍尔布鲁克就会重启这个问题。我说，'但我们昨天就解决了这个问题！'。".而他会说，"指示"。他想派出2万名所谓的武装观察员。与此同时，还威胁说北约将轰炸我们。

我们试图将这种讹诈的损害降到最低，动员世界舆论。同时，我们将霍尔布鲁克的要求从20,000人**减少到**2,000人，并将武装观察员减少到非武装观察员。因此，这不是一次纯粹的武装入侵。但这仍然是对我们主权的攻击。他们让一个名叫威廉-沃克的罪犯负责他们的观察员。这是一个曾在萨尔瓦多的行刑队工作过的人。据称是外交官，他的监视者大多是情报人员，在美国私人公司DynCorp的外衣下。与洛克希德公司一样，DynCorp公司的资金全部来自政府和军事合同。它是一个私人间谍机构，向五角大楼和其他**各种美国政府机构提供信息。**

沃克根据他在萨尔瓦多的专业知识创造了拉查克这个假大屠杀。拉查克随后被马德琳-奥尔布赖特用来证明他们在朗布依埃进行谈判的最后通牒是合理的。我们被告知：要么谈判，要么被轰炸。当然，根据国际法，由威胁产生的任何条约都不具有法律约束力。但这不是他们关心的问题。我们决定用这些所谓的谈判来说明我们的立场。我们的代表团是我们国家团体的综合体。它包括塞族人、阿尔巴尼亚人、戈拉尼[斯拉夫穆斯林]、罗姆人[吉普赛人]和土耳其人。科索沃解放军[KLA]将他们中的大多数人赶走之前，科索沃**的构成**。同时，朗布依埃   "协议"的全文在我国代表团到达法国前三天就出现在阿尔巴尼亚的一份出版物上。你看到了吗？它是事先起草好的。我们的代表们读了这本书。他们中的一个人把它拿给美国人看，并说："看，它做得很糟**糕**。这是个垃圾。其中一个美国人说："**你在**说什么呢？这是由詹姆斯-奥布莱恩准备的!我们最好的人之一!他为西藏自治撰写了全部文件。这就是我们不得不面对的情况。那么克林顿呢？他说塞尔维亚人对第一次和第二次世界大战负有责任。一家以色列报纸问我，反塞族媒体的妖魔化是否是一**种种族**灭绝的形式。毕竟，这种妖魔化被用来为空战辩护，空战几乎完全是轰炸平民，破坏正常生活，破坏一个民族的生活。

塞尔维亚人是第二次世界大战以来唯一被轰炸的欧洲人。投下了22000吨的炸弹。如果没有媒体雪崩式的谎言，普通的西方公民是不会允许这样做的。因此，妖魔化是战争机器的一个重要组成部分，限制了国际抗议。这也是种族灭绝的一部分。北约国家的人民还没有意识到他们被欺骗了。而且他们不知道这对他们的社会造成了损害。克林顿政府将谎言引入一个表面上民主的体制机构，从而阻止了任何民主的可能性。当人们的思维建立在谎言之上时，他们怎么能做出选择？

南斯拉夫的毁灭是美国和其他势力从事新殖民主义的物质证明。如果他们关于全球一体化的漂亮话是真的，他们就会保住南斯拉夫。它恰恰体现了这种融合。如果融合是公平的，如果人们受到平等对待，没有人可以反对融合。新的殖民主义是使小部分人更富，大部分人更穷；并使国家死亡。如果你失去了你的国家，你的独立和你的自由，所有其他的战斗都会失败。如果你没有国家，你怎么能组织一个国家进行繁荣？如果我们明白我们面对的是一种新的殖民主义，它攻击国家主权，我们就可以聚集我们所有的力量。左派曾经理解这个想法，这就是为什么帝国主义势力已经渗透到左派。

但左派往往比右派更糟糕。在德国，他们赶走了科尔，让施罗德上位，他将为美国人做一切事情。戈尔巴乔夫也是一个美国人。他为他们摧毁了苏联。多年来，俄罗斯人就像在催眠状态下一样运作。

美国人已经成功地催眠了他们，让他们相信他们的经济取决于国际货币基金组织和世界银行。数以千亿计的资金被从俄罗斯抽走；普通人的生活被破坏；而他们却在浪费时间谈判国际货币基金组织的贷款。

考虑一下各种可能性。整个西欧都依赖于天然气生产。为什么俄罗斯不是主要供应商？如果俄罗斯人有这个想法，而不是玩这种依赖国际货币基金组织的傻瓜游戏，那就可以了。看看国际货币基金组织所应用的经济模式

吧!美国经济学家肯尼思-
加尔布雷斯说："如果美国人在美国部署这些经济模式，他们将被摧毁。"俄罗斯人的问题是：你们何时才能意识到做自己主人的必要性和可能性？没有办法玩美国的游戏，也没有办法赢。美国控制着整个国际银行系统。

我因为一切事情而受到攻击。美国特使理查德-霍尔布鲁克曾经告诉我：瑞士政府将冻结你的账户。我说："为什么停在那里？等一下。"我写了几个字，把纸给了他。"这里。我已经把我国外账户中的所有资产都签给了你。你可以保留每一分钱。"

他很惊讶。"我可以吗？"我说，"是的！不幸的是，没有账目"。一般来说，在银行业，你不能让各国总统隐藏大量的钱。这实在是太荒谬了。所有关于他们还没有找到我的钱的报告的重点是给人们一个错误的印象，即有东西要找。

一个塞尔维亚电视频道的一位公民正在批评媒体，在这中间，该频道切断了电源。就像这样。屏幕变黑了。这表明这个[2000年10月通过政变建立的]DOS政权对最轻微的批判性思维是多么担心。他们指责我是一个独裁者。这很荒唐。在DOS政变之前，我们有民主。95%的媒体是私人的，反对派控制了大部分媒体。在科索沃，阿尔巴尼亚人有20多种不同的媒体。在任何一个街区，你都可以买到一份攻击政府的报纸。我们没有一个政治犯。但这个新政权颁布了所谓的 "大赦"法，释放了被判定谋杀儿童和其他人的科军成员。他们称这是
"新的政治自由"。我称它为恐怖合法化。我所谓的独裁是如何表现出来的？阿尔巴尼亚分离主义领导人易卜拉欣-鲁戈瓦可能在贝尔格莱德举行新闻发布会。他可以自由走动，吃午饭，并批评一切。而他做到了。没有人打扰他。

他们指控我是政变前发生的一系列谋杀案的幕后黑手。国防部长被杀。伏伊伏丁那省的总理被杀。南斯拉夫左翼秘书长、塞尔维亚内政部副部长、南斯拉夫航空公司总经理，我在健身房的一个朋友，被杀害了。这些是与我一起工作的人，是朋友。没有反对派领导人被杀。所以我在杀我的朋友，放过我的敌人。一个独特的战略。

当犯罪发生时，我们难道不应该问：Qui bono？这些谋杀案是为了我们的外国对手的利益而进行的，这难道不明显吗？他们是在试图恐吓我们政府的男女工作人员吗？但西方控制的媒体说我有责任。

反对派媒体以各种方式将我们的政府、我的家人和我妖魔化。他们指控我儿子是罪犯。电视将这些诽谤与从美国引进的节目混合在一起；华而不实的形象，尤其对年轻人有吸引力。他们在世界各地都这样做。这是一种文化攻击。

当然，这有一定的效果。在我国，人们不习惯基于重复虚假形象的广告技术。反对派从美国和其他北约国家学到了这些技术。我使用了 "反对派"一词，但事实上我们没有反对派。我们有一个第五纵队。它被那些轰炸我们的人支付了巨额的金钱。

*这一点是公开承认的。而这支第五纵队，现在在政府中任职，竟然同意与海牙法庭合作，这是一个与针对塞族的**种族**灭绝有关的假法庭。他们不时地逮捕一个伊斯兰原教旨主义者或克罗地亚法西斯分子，以确保平衡。但其目的是要摧毁那些支持南斯拉夫、捍卫塞尔维亚的人，让普通人容易受到攻击，并让世界相信抵抗是不可能的。*

上周，贝尔格莱德的现任当局将他们的第一个受害者送到了海牙。他是一名波斯尼亚塞族人，活跃在难民领域。而我们在贝尔格莱德也看到了海牙式的司法。现任当局已经逮捕了RTS[国家电视台]的主管德拉戈尔尤布-米拉诺维奇。

事情就是这样发生的。1月，来自海牙的检察官卡拉-德尔庞特来到贝尔格莱德。她指控德拉戈柳布-米拉诺维奇和我犯了谋杀罪。她为什么要这样做？因为在1999年4月23日，北约轰炸了RTS，在其最残酷的一次轰炸中杀死了16人。而且，**她**说，北约已经明确表示它将进行轰炸；因此，根据其疯狂的逻辑，我们应该负责。4月8日，法国官员确实威胁要轰炸RTS。9日，我们用人肉盾牌包围了电视台，记者、导演、官员，都在一起，手臂连在一起。塞尔维亚公民在桥梁上和工厂里，到处都做了同样的事。

然后韦斯利-克拉克似乎撤回了威胁，但无论如何，我们应该怎么做？不去工作？员工们占领了我们最大的汽车厂，并写信呼吁北约不要轰炸。北约还是进行了轰炸，打死打伤了数十人。受害者是否有罪？米拉诺维奇先生在RTS工作了整整一个月，他也可能被杀。这是否会使他对17起死亡负责，而不是16起？当然，*卡拉-德尔庞特*为北约工作，为轰炸机工作。而贝尔格莱德的新当局实际上以这种疯狂的指控逮捕了德拉戈柳布-米拉诺维奇，这些人也为北约工作。战争罪--谁有罪？

在科索沃有战争罪。但由谁来做呢？被恐怖分子，他们的暴行是理所当然的；被北约，他们从未伤害过我们的军队？他们轰炸了我们的家园。他们在我们的绿色市场上投下集束炸弹。铀涂层的炸弹。这些都是战争罪。而且他们犯了最大的罪行：他们发动了一场非法的侵略战争。他们现在的行动，他们所做的一切，都是为了掩盖克林顿、奥尔布赖特、布莱尔、施罗德、索拉纳和所有其他人的犯罪责任。

他们是最坏的战犯。但他们指责我。他们说我下令屠杀科索沃的阿尔巴尼亚人。为了证明这一点，他们派法医专家在科索沃各地寻找暴行。这是一项宣传工作，而不是一项科学调查。这是一场戏剧--为媒体而设。这些专家所走的每一步都被报道：他们正在寻找尸体；他们很快就会把尸体挖出来；他们找到了一只鞋；等等。

有了这一切，人们一定认为：这里一定有严重的犯罪。他们正在寻找的消息是大消息，但他们没有找到任何东西的消息--
那是非常小的消息。我想**你**们国家的许多人仍然认为我们对科索沃的阿尔巴尼亚人进行了种族灭绝。

1999年5月底，俄罗斯人向我们提出了所谓的 "叶利钦"和平计划。这是个好计划。然后，似乎俄罗斯人在芬兰与美国人会面，而当俄罗斯特使维克多-切尔诺梅尔金到达贝尔格莱德时，计划完全不同。据说，科索沃将继续是南斯拉夫的一部分，但该计划也要求南斯拉夫军队完全撤出，并由联合国占领。我们问，我们怎么能知道这不会变成北约的占领和科军的恐怖。切诺梅尔金向我们发誓，我们的俄罗斯兄弟不会允许这样做。

我们该怎么做？一方面，俄罗斯政府曾承诺不会让北约接管。**另一方面，有一个明**显的威胁。北约已经开始轰炸科索沃。

如果我们不同意，俄罗斯人明确表示，他们将撤回他们的支持，我们将被国际媒体谴责为战争贩子，甚至不接受我们俄罗斯兄弟的和平计划。所以我们同意签字。我们政府的领导人讨论了这个问题，然后议会进行了辩论，并投票签署了该协议。

10月5日的政变后，我辞去了总统职务。我没有必要这**么做。我**们本可以发起反击。但我们的政府讨论了这一情况。我们认为外国势力想造成一场血腥屠杀。他们的想法是这样的：我们会坚决抵抗；他们的第五纵队会组织暴力挑衅；我们会采取行动维护秩序；然后他们的代理人会在镜头前上演杀人事件，指责我们，给人以无情镇压的印象。然后，在自卫的幌子下，他们可以在外部力量的支持下实施智利的解决方案。

此外，许多普通人当时被DOS媒体误导，被我们的政府妖魔化，被许多虚假的承诺误导，这些承诺显然得到了西方电视图像、诱人的财富图像的支持。我们认为，北约想挑起一场内战，一场流血冲突，让塞族人自相残杀。为干预创造借口。我们有战争的直接经验。损失是无法弥补的。因此，如果可能的话，最好是在政治领域进行斗争。所以我辞职了。这让美国人大吃一惊。我被告知，[美国国务卿马德琳]奥尔布赖特于10月6日打电话给《纽约时报》的史蒂文-埃兰格，非常生气。"有可能他已经辞职了吗？"**她无法**相信。这破坏了他们的计划。

你认为目前的经济问题是由于新当局的无能还是故意制造的？经济已经被破坏了。

有能力的管理人员被暴力或威胁赶走了。他们已经被那些无能的人取代，但他们按照当局的指示行事。他们又是怎么**告**诉他们的呢？瘫痪经济，使整个行业破产，以便将它们以低廉的价格卖给西方的老板。这不像是老式的殖民主义。外国人让他们的代理人上台，只是把国家剥光，破坏当地的生产能力，然后把他们的垃圾扔掉。在北约轰炸后的第一个冬天[即1999-2000年冬天]，我们对供暖没有限制。那是一个猛烈的冬天。第二年的冬天很温和，但新的所谓民主派--米洛舍维奇指的是塞尔维亚的 "民主"反对派，他们在2000年10月5日的政变中上台，承诺西方会做这个做那个--他们得到了什么？持续的电力短缺，别忘了我们主要是用电取暖"。

这段话还有很多内容，但这里包括了重点，已故总统米洛舍维奇在这段话中出色地阐述了新世界秩序所使用的方法，并明**确表示**，对塞尔维亚的攻击是推进新世界秩序的一个组成部分。他对克林顿、霍尔布鲁克和奥尔布赖特的不诚实以及韦斯利-克拉克将军的背信弃义的行为进行了生动清晰的描述，令人不寒而栗，因为我们在纸上看到的是真正的操作手法，将在未来所有对不听话的民族国家的征服中使用。

对南斯拉夫的战争是在阴谋之外，为新的世界秩序并以其名义进行的战争的模式，美国将继续在其中发挥主导作用。

第十章

独裁政权很少以这种方式出现

独裁政权往往以另一种形式诞生，很少穿上镇压的全套制服。费利克斯-捷尔任斯基（Felix Dzerzhinsky）曾经在莫斯科走来走去，看起来像一个来自农村的俄罗斯农民，脑后插着一顶老式的、不合适的窄帽。从那以后，他换上了一辆老式劳斯莱斯，在莫斯科的街道上游荡。斯大林令人生畏的秘密警察的核心在1905年日俄战争后开始形成。可怕的布尔什维克并没有在1917年突然 "到来"。

当凯撒大帝带着罗马军团越过民事和军事权力之间的卢比肯河时，保护文官政府不受贪图权力的胜利将军影响的传统被打破了，从罗马共和国到罗马帝国的彻底变革开始了。

我刚才提到的事件和目前的布什政府之间的相似之处是很容易发现的，特别是在巨大的军事开支方面。我们的国父警告我们，一支常备军最终会成为对我们自由的威胁。

阅读圣乔治-塔克的话。

> "**每当**维持常备军时，人民的权利、自由，如果不是已经被消灭，就是即将被消灭。"

首先，国家的最高法律--
美国宪法，因美国在伊拉克的大量武装力量的存在而被违反，而根据美国宪法或国际法，它在伊拉克没有合法的权力。元老院担心凯撒会成为国王，法治会受到损害（听起来很熟悉？），不赞成凯撒颁布的激进变革，于是暗杀了

他。在随后的内战中，凯撒的侄孙屋大维成为罗马第一任皇帝，即凯撒-

奥古斯都。美国的**开国元**勋们都是有学问的人。他们了解希腊和罗马的历史，希望避免历史在这个新的年轻国家重演。

从我们共和国成立之初，秘密工作的立宪无政府主义者就着手破坏国家的最高法律--

美国宪法和权利法案。这样做，他们试图歪曲以下原则：宪法是国家的最高法律，只有宪法，以其编写的形式，才是一个公正和诚实的政府的唯一途径。汉尼斯-

泰勒阁下的话应该被定格在石头上，并小心翼翼地注意到。

> "*你的请愿人声称，我们宪法的历史，作为一个整体，包括一系列的努力，只要它的规定在特定的时间对特定的阶级变得不方便，就会回避它。*"

汉尼斯-

泰勒曾向参议院请愿，要求阻止威尔逊总统公然滥用权力和违反誓言，征召民兵参加第一次世界大战，而他无权这**么做。如果他今天**还活着，泰勒肯定会提出新的请愿书。

> "我们向美国人民法院提交的请愿书表明，在我们的历史上，由于美国宪法遭到蓄意破坏，我们的国家从来没有像今天2006年那样面临更大的危险。共和党战争党及其最高法院任命的领导人乔治-
> 布什大法官迅速上台，事实证明，这对美国国家来说绝对是一场灾难。两个政党联合起来，串通一气，要打倒宪法。"

伍德罗-

威尔逊是一个伪装成民主党人的社会主义者，是迄今为止占据白宫的一系列非宪法主义者中最糟糕的一个。他破坏了海**关**系统，把美国拖入了第一次世界大战，并授予自己行政部门不应该有的权力。威尔逊使美国国家走上了独裁的道路，只用了几十年时间就演变成了现在的现实。而共

和党 （鲍勃-
拉福莱特除外）在很大程度上**帮助和教唆威**尔逊对国家犯
下可怕的罪行，其中最重要的是为国际社会主义打开大门
。

希特勒允许国会大厦大火发生，以产生危机。政府的司法
和立法部门崩溃了，为通过法令进行统治打开了大门。希
特勒的法令因此成为法律。德国人民接受了这种独裁统治
，因为已经形成了危机和恐怖的气氛。保护人民和国家法
令》（1933年2月28日）中止了对个人自由的保障，并允许
不经审判而逮捕和监禁。授权法》（1933年3月23日）将立
法权移交给了希特勒，授权他颁布现在美国广泛使用的法
律（公告，现在称为行政命令），这些法律偏离了宪法，
使宪法失去了效力。

布尔什维克的情况要糟糕一万倍。他们并没有假装有良好
的意图。他们公开密谋剥夺俄罗斯的民族国家地位，使其
垮台。由于英国和美国的帮助，布尔什维克的血腥革命接
管获得了成功，他们公开犯下了前所未有的最严重的暴行
，因为他们知道他们得到了美国和英国的默许。布尔什维
克革命者掌握了绝对权力，他们的权力变成了暴政。这仍
然是H.G.威尔斯所说的 "公**开阴谋** "的最佳例子之一。

美国宪法禁止绝对权力。美国宪法将绝对权力定义为
"任意的权力"。它禁止任意行使权力，并谴责所谓的
"法律"，如《爱国者法案》，该法案建立了专门用于大规
模监视人民的秘密法庭和机构。今天的美国是否接近1931
年苏联的状况？答案是肯定的。罗马帝国不是基于任何意
识形态。它是基于赤裸裸的权力。而每当罗马人民对此感
到震**惊**时，军队就会为了他们的　　　　　　　　　"安全和保障
"而发动战争，这让民众保持沉默，误以为罗马军队的所作
所为是为了罗马公民的利益。布什政府的行为不就是罗马
帝国的完美**叠加**吗？

法国大革命的主人们声称它是建立在自由、博爱和平等的
基础上的，但它很快就变成了一个极权主义政权（在人民

民主的幌子下），伴随着制度暴力和法令统治。希特勒的独裁统治在很大程度上是个人行为，并以遒力会共济会组织的神秘小屋制定的方案为基础。

布尔什维克革命所产生的独裁政权是基于一种简单化的意识形态；列宁宣布的独裁政府的意识形态是共产党对俄罗斯人民的独裁统治。列宁说。

> "...其中直接依靠武力，不受任何限制，不受任何法律或绝对道德规则的限制。"

今天美国有思想的人难道看不出布尔什维克和今天被严重**渗透的共和党之**间的相似之处吗？共产党的独裁统治只靠胁迫，没有任何约束和抑制，使用秘密法庭、秘密审判、秘密酷刑、秘密监狱和处决，以庞大的国家机器让人民战战兢兢，不敢质疑新的恐怖统治。然而，威尔逊却为布尔什维克鼓掌，并宣称
"在俄国发生了一些奇妙的事情（或类似的说法）"。

威尔逊可以这样说，因为他是一个坚定的社会主义者，他被推上台来破坏美国宪法，以便把社会主义带到美国，这是历届总统都在努力追求的一个目标。此外，威尔逊大概将俄国视为未来美利坚合众国的典范。

与威尔逊一样，富兰克林-D-
罗斯福也是一个几乎不加掩饰的社会主义者。他的上台是通过他和他的内阁在珍珠港策划的人为局面实现的。珍珠港事件不仅摧毁了生命和财产，而且给了罗斯福一个*借口*，一个*将*美国宪法破坏得体无完**肤的**许可证，而且他是在民主党和共和党人的共谋下（除了几个明显的例外）这么做的。罗斯福将三权分立融合到他虚假的　　　"扶贫战争"宣言中，直到今天，宪法的这块基石被破坏得不成样子，整部宪法都要倒下了。

权力的融合在*假的*《战争权力法》中得到了*强调*。自1991年入侵伊拉克以来，我们已经看到了同样的假　"权力　"被"转移　　　　"到司法机**构的版本**，这些　　　　　"权力

"是在国会知道它不能做这样的事情时，由温顺的国会进行的。战争与和平的权力只属于国会，但罗斯福用他的破坏球去工作，终于打破了这一障碍。美国宪法中没有任何明**确或**隐含的授权，允许建立中央情报局、联邦调查局、国家安全局、国家侦察局、ATF；FISA、"八人**帮**"：秘密法庭、秘密预算、闭门会议、秘密监狱和秘密酷刑室。

美国宪法没有规定任何名为　　"行政命令　　"的权力，因为"行政命令"等同于立法，而行政部门是绝对禁止立法的。

裁判官--这是比　　　　　　"总统　　　　　　"更**正确的称**谓--是为了执行立法机关通过的法律，而不是其他。所有的行政命令都是虚假的，除非那些首先由立法机**构**辩论，由国会通过，然后交给总统宣布的行政命令是国会的行为，而不是总统的行为。美国宪法中没有任何权力，无论是明示的还是暗示的，赋予政府任何权力，而不是授权的权力，第一条第8款第1-
18条；没有任何地方赋予行政部门以战争或和平的权力，政府或其任何部门或官员无权改变或暂停宪法，除非通过提交给各州批准的宪法修正案。

即便如此，这也不是一个
"修正案"，而是一个制定新宪法的法案。但罗斯福无视这些限制，授予自己
"战争权力"，而共和党人，除了几个明显的例外，也顺应了这种权力掠夺。

今天，我们的布什总统声称拥有
"国会授予他的战争权力"，他已着手创建机构，从根本上改变了宪法的形式，并撕毁了宪法所保障的保护措施。而民主党人，大体上（参议员约瑟夫-
利伯曼是其中一个很好的例子），都是跟着白宫的法官走。

共和党和民主党都利用　　　　　　　　　　　　"行政命令
"的潜规则来规避美国宪法的限制。

因此，**两党都威**胁到了第10条修正案，并且通过他们的行动也威胁到了联邦国家本身，因为行政命令是两党对解散由制宪者向各州保证并编入美国宪法第10条修正案的共和政体的**一种威**胁。

美国宪法--修正案10 国家和人民的权力

宪法没有授权给美国，也没有禁止给各州的权力，都分别保留给各州或人民。

一项
"行政命令"（与列**宁和斯大林的法令相同**）**通**过在事实上和行动上破坏10
修正案，使其无效，从而破坏了这一保障。

由于这种对开国元勋们保证的各州权利的直接攻击，各州完全有权利在国会制造的条件下进行分离；事实上，它们有责任脱离联邦。罗斯福这个社会主义民主独裁者能够颠覆最高法院，使美国降到布尔什维克俄国的水平。共和党人再次允许这种情况发生，但有几个明显的例外。

谢尔参议员，国会记录，参议院。

> 自威尔逊以来，一直在为使我们恢复到欧洲的水平而不断奋斗。与威尔逊时代相同的人员，使我们陷入战争并毁掉我们的同一批破坏者，现在（在罗斯福的内阁中）掌管着。

> 总统上任后的第一个   "高尚
> "经历是寻找一个不允许他做的事情，寻找一个秘密的方法来通过一些事情。机会来了，弗洛伦斯-
> 凯利给了他费边社会主义者的书《新政》。

这一切听起来不是很熟悉吗？罗斯福由他的司法部长创造的想象中的   "反贫困战争"，与乔治-布什国王、理查德-切尼王子和前大公唐纳德-
拉姆斯菲尔德强加给美国人民的虚假的   "反恐战争

"之间有什么区别？简而言之，没有任何区别。1933年对美国人民进行了欺诈，2001年对美国人民进行了第二次欺诈。

第十一章

契约的解体

在21世纪的头七年里，　，美国把自己吹嘘成一个民主、公民自由和人人享有正义的国家。但它是吗？首先，我们的**开国元**勋们说，他们不想和民主制度打交道，所以把美国建成了一个共和国。

大会代表中的主要批评者之一，弗吉尼亚州的伦道夫州长，**表达了他**对民主的担忧。

> *我们的主要危险来自于我们宪法中的民主党派……没有一部宪法对民主提供了足够的制约……我们所知道的罪恶来自于民主的过度……人民并不缺乏美德，而是所谓爱国者的愚弄。*

如果仔细看看一个违宪组织--国家安全局（NSA）--所使用的大规模的Echelon间谍系统，其监视美国公民的方式远远超过了列宁或斯大林所做的一切，人们很快就会意识到，美国实际上已经建立了一个名副其实的新生独裁政权。而最可怕的是，民主党和共和党都有样学样，没有一点抗议的声音。意识形态在新兴的美国独裁统治中起作用吗？绝对不是。美国共和国的消亡与历史的演变有很大关系。林肯是第一个美国独裁者。这听起来很刺耳，但有强有力的证据支持它。林肯以维护联邦的名义为其独裁统治辩护。为了镇压北方对林肯反对南方分裂战争的反对意见，他的法外之地和宪外之地的方法（如暂停人身保护令和实施戒严令）被容忍了，而这种分裂行为是合法和符合宪法的。

南方各州完全有权利甚至有义务脱离联邦，因为林肯违反

了10
修正案，该修正案保证他们在联邦时拥有共和政体。而林肯称分**离未遂**为叛乱，这是在撒谎。这使他能够召集民兵并 "暂停 "人身保护令。在关于伊拉克不存在的 "大规模杀伤性武器 "的谎言中，以及在大量任意的法律堆积中，我们难道没有看到这一点的回声吗，所有这些都剥夺了美国宪法曾经提供的任何保护痕迹？如果我们仍然无法看到这一点，那么**上帝会帮助美国人民。**

林肯之后对美国宪法的第一个重大攻击来自于地方官威尔逊，他承担了十项他无权夺取的权力。同样，共和党人让他这么做，甚至支持他对德国宣战，而当时超过87%的美国人民都反对。

对作为我们政治制度基石的三权分立的攻击，是随着罗斯福政府对大萧条危机的回应而出现的。"新政"（来自费边社会主义的同名书籍，并在我的书《一个 *世界秩序的社会主义独裁*》中有所介绍） [6]，导致国会将其立法权下放给行政部门，完全废除了宪法。今天，当国会批准一项法律时，它只不过是授权行政部门的一个机构通过编写法规来制定法律，然后通过被称为 "行政命令 "的虚假公告来实施。

所有的法律都必须是明确的，严密的，清晰的。在*新政*之前，立法是严格的，以防止法官在宪法的字里行间插入他们的偏爱，这体现在美国宪法的9
修正案中，这是对总统和/或法官表**达他**们自己的想法的限制，好像他们在宪法中一样。换句话说，没有任何行政部门的 "理解 "导致修改是正确的，在宪法中也没有发现这种非法的

---

[6] *社会主义世界秩序的专政*》，约翰-科尔曼，Omnia Veritas Ltd，www.omnia-veritas.com。

"签署声明"。

行政部门的工作是执行法律，而不是解释法律。国家安全局（NSA）是一个危险的例子，说明当10
修正案被藐视时会发生什么。

这不是一个共和国应该有的管理方式。通过　　　"允许"行政命令成为法律，法律就不再对人民负责了。如果执行法律的地方官也写法律，那么我们就会嘲笑
"所有立法权都归于国会的民选代表"。

然后，人民，也就是主权者，被剥夺了权利，他们的宪法被违反，分权被侵犯。这难道不是被所谓　　　"行政命令"侵犯的各州脱离联邦的理由吗？毫无疑问，情况就是如此。

我认为，这是脱离联邦的一个主要原因。人民委托给国会的权力不能由国会委托给行政部门，这一原则是美国共和国及其宪法的支柱。

在林肯总统推翻这一原则之前，行政部门在解释法律和建立自己的机构来执行这一解释方面完全没有作用。这正是罗马帝国的基础，也是它崩溃的原因。除非迅速制止这种坏疽，否则美国也会走同样的路。

约翰-马歇尔-哈兰法官写道。

> 国会不能将立法权下放给总统，这是一个普遍公认的原则，对宪法规定的政府体系的完整性和维护至关重要。

从违反三权分立的社会主义威尔逊总统开始，七十年的帝国总统任期被规定为仅仅是一个裁判所，破坏了这种完整性，直到今天，共和党战争党及其律师继续为帝国总统撰写
"意见"，决心将更多的权力集中在行政部门，无论多么公然违宪。是他们告诉地方官不断地称自己为
"总司令"，为自己创造不存在的权力，--
而国会则任由疽病蔓延，没有任何控制它的企图。国家安

全局是一个帝国总统的结果，正如它是凯撒统治下的罗马帝国转型的结果一样。坚决扩大总统权力的动力在布什政府之前就有了，而且在2007年布什总统的第二个任期内，这种动力被推到了一个危险的程度。

布什提名的联邦党人协会成员塞缪尔-阿利托被**确**认为最高法院法官，他是以牺牲国会利益为代价合并权力的确认支持者，这将为危险地扩大总统接管提供五张赞成票，这将导致在美国建立一个全面的独裁政权。

布什总统曾数百次使用 "签署声明"来改变国会通过的法律的含义。这种权力的来源很清楚。它是从林肯**开始的**对宪法的歪曲中发展起来的，在威尔逊时期被扩大，在罗斯福时期被进一步歪曲。

例如，布什声称，他有权无视麦凯恩修正案中关于禁止酷刑的规定，无视对美国人进行间谍活动需要授权的法律，无视禁止未经指控或审判进行无限期拘留的规定，无视美国签署的日内瓦公约。他还声称，他可以宣布战争和国内间谍活动为战争的一部分。布什要求获得被威尔逊夺取的权力。

他的联邦主义者协会的辩护人和司法部的任命者声称，布什总统拥有与最高法院相同的解释宪法的权力。他们从哪里得到这种说法？当然不是来自美国宪法，宪法明确规定，行政部门只不过是一个负责执行立法部门通过的法律的行政官。李将军曾经说过，总统只不过是一个必须执行国会命令的地方法官。在这里，总统和国会之间不存在平等。

阿利托所在的最高法院可能会同意这种毫无根据的虚假主张。对美国共和国来说，没有比这个问题更危险的了，甚至没有比我们在伊拉克制造的混乱更危险的了。这对人民来说是最关键的问题，也许与内战的危机处于同一水平。但是，由于塔维斯托克研究所和媒体的豺狼，人们感到震

惊，**他**们通过关于堕胎和同性恋权利的政治斗争的潜规则，把阿尔托的作用降到了背景。

许多人支持布什--基督教右派尤其如此--因为他们认为，他们在反对鸡奸和子宫内谋杀的合法化，通过支持他们认为反对穆斯林世界和"自由主义者"的布什总统，他们在"做正**确的事**"。当他们醒悟到新的世界秩序--世界政府时，他们可悲地错了。

大多数美国人民不知道真正的问题不是所谓的"反恐战争"（这和罗斯福的"反贫困战争"一样是骗人的），而是对那些旨在摧毁宪法的邪恶之徒的战争，因为宪法阻碍了他们建立世界新秩序的计划。

大多数美国人民完全没有意识到，这些人即将把行政部门提升到立法部门和法院之上。他们的总统将凌驾于法律之上。布什司法部官员、伯克利大学法律教授约翰-尤认为，没有任何法律可以限制总统作为总司令的角色。因此，一旦**开战**（事实并非如此）--他们宣布伊拉克的瘴气是一场"**公开的反恐**战争"（尽管宪法禁止公开战争，因为任何战争的资金都不能超过两年），他们认为，布什作为"总司令"不能受到任何控制。我说，约翰-柳已经昏了头，不了解宪法。布什司法部说，总统可以在起诉战争的过程中自由采取任何行动，包括酷刑、无限期的间谍活动和拘留美国公民，而不会受到司法约束"干扰"他的决定。

总司令是一个"广泛到足以扩展到任何危机"的角色，无论是真实的还是人为的。事实上，司法部及其联邦派律师是百分之百的错误，总统在和平时期（国家的现状）不是也不可能是总司令，因此不能把这个头衔授予他，即使在宣战后授予他，总统仍然没有战争权力，这对他们来说没有什么区别。因此，毫无疑问，美国已经走到了一个新生的独裁政权的边缘。正在发展的宪法危机--

也许是第二次美国革命的开始--

不太可能**达到美国人民的意**识水平，他们至今没有认识到宪法正在被践踏，这在其历史上是前所未有的，而且即将被贬到已失效的《大宪章》的地位。

美国逐渐沦为独裁国家是历史演变的结果，这种演变从林肯**开始，并被一系列引**发激烈冲突的总统所扩大，甚至可以追溯到内战时期的古老政治斗争。尼克松总统被民主党国会赶下台时爆发的所谓

"宪法危机"，只是当前宪法危机的一个影子。主要的区别是，那些在华盛顿特区天空中夜夜嚎叫的媒体豺狼在水门事件中发挥了如此重要的作用，而现在，当他们看着宪法经历绞肉机时，却异常沉默。

当我们来到2007年最后一个季度的末尾时，已经没有宪政党了。**两个政党、大多数**宪法律师和律师协会都放弃了宪法，只要宪法干扰了他们的违宪议程，他们就心甘情愿地使宪法无法发挥作用。美国人已经忘记了开国元勋和后来的那一代人；他们忘记了我们高贵的祖先在为所有人争取自由和正义的伟大斗争中所付出的鲜血和牺牲。美国人民即将失去他们的宪法制度和公民自由--

永久性的。除非宪法恢复其应有的地位，否则新世界秩序将成为现实，这意味着通过任何手段摆脱国内间谍活动，禁止所有中央情报局、国家安全局和外国情报局的国内活动。这也意味着摆脱《国土安全法》、《爱国者法》、《驾驶执照法》，大幅削减行政部门，使其恢复应有的职能，即负责捍卫联邦法律的地方法官。修正案2、4、5和10必须被提升到它们的首要作用，国家必须再次成为一个法律的国家，而不是全能的人的国家。

除非这种情况发生，否则我们的开国元勋和后来的一代人所设想的美国注定要毁灭。如果我们要防止这样的灾难降临到我们身上，我们人民，美国宪法的主权拥有者，必须向组成美国的50个主权独立国家的每个国家的众议院和参议院派出代表团，我们必须要求我们的代表让美国恢复宪

政。

如果他们不这样做，那么就必须利用主权国家人民的宪法规定的补救措施迫使他们下台。我们必须让代表们要求立即落实1866年1月31日《国会环球报》第546-549页所载丹尼森议员的话，不能有任何拖延。

因此，当他们创建这个被称为美国的政府组织时，根据宪法，各州有权授予某些权力和做某些事情的权利，将授予的权力置于联邦多数的控制之下，并保留某些权力供各州人民控制，这些权力的行使和控制不受任何其他权力的限制。

如果各州绝对和无条件地将这些权力保留给自己，那么它们就不能被本院的三分之二和各州的四分之三所剥夺，就像我可能拥有股票的银行的多数股东可以拿走我的马或我的农场供公司使用一样，因为各州从未将这些保留的权力置于联邦多数派控制的权力库中。

关于这些保留的权力，在宪法通过后，条件与之前相同。在该文书通过之前，每个国家的人民都构成了主权国家。在宪法通过后，他们对保留的权利同样拥有主权，***除非每个州都有意愿，否***则不能撤销这些权利，除非宪法中有东西授权；因为一个州和个人一样，不能比它自己同意的约束更进一步。*

*各州是否因为同意修改宪法而放弃了这些权利？如果是这样，那么这些权力就没有得到绝对的保留，而只是保留到**众**议院三分之二的议员和四分之三的州所代表的联邦多数违背本州人民的意愿而选择转移这些权力，或保留到四分之一的州，或四分之三的州所代表的州违背本州人民的意愿而选择转移这些权力。也可以是各州的四分之一，各自的州，给联邦政府。这应该由宪法来解决，我认为这是……。*

10
修正案最重要的特点是，它规定了联邦政府的限制，它是一个授权政府，而不是原始权力的政府。它使政府不

可能通过推理获得任何权力。

拟采取或行使的权力必须在宪法中明确表述，否则不能采取或行使。第5条规定了修改的权利，但没有规定新的东西。废除宪法，采用1818年的《共产党宣言》，或法国的共和党法律，都不会是一项修正案。

修正案必须是与文书有关的东西，必须是宪法中已有的东西，否则就不能通过修正案的检验。但是，新宪法的起草只对那些同意受其约束的州有约束力，而且只有在所有州都通过的情况下，它才能成为宪法的一部分。

(摘自《你应该知道的美国宪法》，2007年修订和更新版)。

我们邀请你阅读和重读这篇重要的信息，直到你了解每一个字，**每一行**，因为这篇信息包含一个明确的警告，即布什政府已经并仍在试图起草一部新宪法，而没有通过全国公民投票与各州协商；这部新宪法应该由所有50个州批准。

那些不同意新宪法的人不受其约束，有责任从旧的、已解体的联盟中分离出来。事实上，作为主权国家，他们有责任在联邦政府破坏最初的契约后采取必要的步骤进行分离，而布什政府在国会的纵容下已经做到了这一点。我们提出以下行动作为证据，证明布什政府已经破坏了作为国家最高法律**确立的契约**，因此犯有无法无天的行为。

这表现在行使美国宪法所禁止的任意权力，通过了以下违宪法律。

➤ 在没有宣战的情况下，对伊拉克进行入侵和军事攻击。

➤ 国会意图"给予"或"授予"总统"许可"或"授权"，在没有理由和美国宪法中没有任何条款认可这**种攻**击的情况下攻击伊拉克，这本身就明显违反了美国宪法第四条。

> 由于没有这种权力来 "给予" 或 "授予"总统美国宪法明确禁止行政部门的战争权力，国会的行为公然违反了国家的最高法律，因此必须立即被免职。

> 国会和总统相互勾结，违反了权力分工，总统获得了他无权获得的权力，而这些权力是明文禁止的。

> 在国会没有给他这个临时头衔的情况下，他自称是总司令，并拥有完全违反美国宪法第10条修正案的权力。

> 通过派遣民兵去参加外国战争。

> 通过《爱国者法案》和《国土安全法案》，这两个法案都是违宪的，严重违反了10 修正案，使10修正案无效。

> 通过"制定新宪法"，在没有按照美国宪法规定的方式将这些措施提交给各州同意的情况下通过违宪法律。

> 通过对美国人民进行间谍活动，违反了第四修正案。

这些只是布什政府在两个政党的纵容和同意下进行的许多解体美国宪法的行为中的几个例子。因此，我认为，那些希望这样做的州有权利脱离联邦，除非国会立即扭转这些非法行动。

在国会没有采取这种无效行动的情况下，人民必须召集自己的总检察长和大陪审团。每个州的这些大陪审团必须对行政部门和国会的每一项违反美国宪法的行为提出起诉。

然后，各州人民必须派代表到华盛顿，将他们的行为告知联邦政府，并要求立即采取纠正措施。如果不立即采取这种纠正措施，各主权国家的主权人民必须召回他们在众议院和参议院的代表，从而使后者无法运作。我们希望在我们中间有像帕特里克-亨利、圣乔治-塔克、托马斯-

杰斐逊和亨利-
克莱那样的人，他们有能力和勇气采取行动，防止美国变成一个实际上的独裁国家。

1991年入侵伊拉克和第二次入侵伊拉克都是在美国宪法的范围之外，因此不能被承认为合法。仅仅因为这个原因，国会有权在参众两院联席会议宣布后45天内命令美军带着所有装备返回美国。把宪政还给我们人民的措施符合美国宪法的戒律和原则，是主权国家的主权人民可以利用的法律补救措施。

另一种选择是对在伊拉克肆虐的无法无天的战争无动于衷，看着一个联邦共和国转变为一个独裁国家的过程在我们眼前展**开**。而这只有在支持政府的自鸣得意的媒体的全力配合下才有可能，换句话说，就是转变为一个公开的阴谋，如下图所示。

新闻界：合规的驱动力

控制新闻（印刷和电子）的问题已经超越了阴谋阶段，现在已经摆在了桌面上。一些美国人仍然被欺骗，认为公共广播系统（PBS）是独立的，是唯一剩下的真理和光明的来源。不幸的是，情况并非如此。

这是根据最近的一份报告，肯尼斯-
Y.公共广播公司（CPB）总裁汤姆林森在未经董事会批准的情况下，自行任命**两名**监察员审查国家公共广播电台（NPR）和公共广播服务（PBS）的内容，以纠正他认为的公然的自由主义偏见。

监察员肯-
博德（所谓的保守派哈德逊研究所成员，1998年至2002年担任西北大学梅迪尔新闻学院院长）和威廉-
舒尔茨（从《读者文摘》退休，汤姆林森大部分工作时间都在那里）据称致力于追求客观性，但事实是，如果客观性呈现在他们面前，他们也不会认识到。

满怀信心的美国公众，对公共电视上的　　　　　　"真相"感到绝望，长期以来一直被告知"这个节目部分是由像你这样的观众/听**众**资助的"，同时又被个别电台和广播站不可避免的乞求呼吁所骚扰，希望通过捐款"成为会员"。通常，**每次广播都有半个小时的时间用于讨**论这种呼吁，有时甚至更长。

真的有必要采取这样的策略吗？为什么公共广播公司要乞求捐款，因为事实上这些会员费只占公共广播公司总预算的26%？公司和慈善基金会合计占22.8%，联邦政府位居第三，仅占15.3%。这张照片有什么问题？

首先，个人捐助者在决定或控制节目内容方面没有有组织的发言权。对右翼基金会和电信业的偏见的抱怨扼杀了联邦政府，联邦政府选择了董事会--这个董事会自然反映了最大的捐助者的愿望，并且具有最大的权重。目前中央人民广播电台董事会由五名共和党人、**两名民主党人和一名**"独立人士"组成。

如前所述，肯尼斯-汤姆林森主席直到1996年的大部分职业生涯都是在《读者文摘》度过的，经过这么多年，《读者文摘》仍然是那些没有时间阅读整篇文章的美国人的最爱。保守派　"威廉-F-巴克利在《国家评论》中对汤姆林森的赞美说明了一切。

> "许多人认为他是该杂志最后一位伟大的编辑......该杂志的大多数编辑都是由汤姆林森雇用的，而且几乎所有的人都像汤姆林森本人一样是政治保守派。"

这些人显然与纽特-金里奇的想法一致，他说。

> "我不明白为什么它被称为公共广播。在我看来，这没有什**么公共性**，这是一个精英企业。拉什-林博是一项公共服务。"

(这还没有考虑到林博是由希望自己的观点得到推广的富有的共和党人招募并给予地位的事实）。

汤姆林森对媒体作用的看法来自于他在美国之音（VOA）的职业生涯--
该机构在二战期间于1942年为宣传目的而成立，并于1953年改组为更低调的美国新闻署的一个分支机构。

1998年的一次改组将VOA转到了广播理事会（BBG）。肯尼思-
汤姆林森现在是BBG和CPB的主席，毫无疑问，他正在让美国公**众接受与为** "敌人"准备的相同风格的宣传。虽然我没有办法证明这一点，但经验使我相信，塔维斯托克研究所可能是这些变化的引导者。塔维斯托克在其投资组合中拥有大量的美国政府和私营公司账户。

2005年4月底，汤姆林森在参议院国际行动和恐怖主义小组委员会上的讲话很可能是由已故的爱德华-
伯纳斯甚至比阿特丽斯-韦伯为他写的。

> "通过遵守西方新闻标准，通过其客观和准确的报道，Alhurra[意为'自由者'--
> 一个新的阿拉伯语电视网络，是BBC的子公司]可以获得我们所需要的信誉，以建立一个观众群，为中东公众提供一个新的和平衡的世界事件观点。随着阿拉伯媒体的批评持续不断，我们与人民--我们的目标受众--
> 保持联系，他们给我们发送了数百封欢迎我们的电子邮件。其中一个写道："我们非常需要你们来平衡那些对西方世界充满仇恨的人所控制的偏颇信息。这是打击滋生恐怖主义的'仇恨文化'的第一步，"**另一位**说。我希望**你的**频道[将]**帮助我们**的阿拉伯兄弟[......]说出正在发生的一切真相。"

然而，Alhurra是否能与半岛电视台竞争，令人怀疑。所有这些 "不偏不倚"的真相将如何播出？2005年3月，领导公共广播从模拟到数字过渡的任务交给了中央人民广播电台现任首席执行官Ken Ferree。在联邦通信委员会主席迈克尔-鲍威尔手下工作了四年之后--**两人都**认为"在200个有线电视频道和互联网的时代，媒体所有权的硬性限制已经过时"--费里是一名律师（或职业），他运用自己在戈德堡、维纳和莱特公司的法律专业知识，制定了新的媒体所有权和许可规则。在2001年6月之前，Goldberg, Wiener & Wright代表私人卫星公司PanAmSat，该公司由康涅狄格州格林威治的居民Rene Anselmo创立。

安塞尔莫的公司是第一个和（最大的）国际卫星网络，并与休斯电子公司的子公司休斯空间和通信公司（由霍华德-休斯在1961年创立）密切合作，后者建造、发射和维护PanAmSat通信卫星。

Ferree在PanAmSat对COMSAT的反垄断投诉中担任代表，COMSAT是名为"IntelSat"的国际财团的美国成员，当时在卫星通信方面拥有基于条约的垄断权。这一法律行动的直接结果是打破了英特尔卫星的垄断，使泛美卫星成为数字通信行业的领导者。

霍华德-休斯1976年去世后，他成立的医疗基金会以免税信托的形式持有休斯飞机公司，但由于该公司与休斯飞机公司关系密切，且慈善捐款**极少**，**因此美国**联邦法院于1985年下令出售该公司。在竞标战中，福特和波音公司被通用汽车公司收购，其董事长说："我们相信，电子技术将是21世纪的关键"。先见之明，确实如此？当时在国防采购机构之外不为人知的是，休斯公司除了生产空对空导弹之外，还生产微芯片、激光器和通信卫星等产品。它是军队最大的电子设备供应商和第七大国防承包商。

作为DirectTV用户的公众可能不知道，1994年休斯公司发射了自己的卫星（授权给DirecTV），与泛美卫星

"竞争"。仅仅两年后，休斯公司通过收购泛美卫星公司81%的股份控制了其竞争对手，使休斯公司（及其母公司GM）控制了美国所有的卫星传输，除了Echostar公司持有的少量市场份额。

通过这个过程，有可能控制非常多的美国人将看到什么，这是一个有价值的意见形成工具。美国以外的鲁伯特-默多克是另一位澳大利亚卫星大亨，他在1989年创立了天空卫星电视网，一年后收购了其竞争对手英国卫星广播公司，成为英国天空广播公司。

1985年，在通用汽车公司收购休斯公司的同一年，默多克收购了美国的七个独立电视台和二十世纪福克斯控股公司。这一组合创造了自1950年代中期以来第一个新的电视网络。随后，默多克将他的澳大利亚连锁报业扩展到英国，于1968年收购了伦敦的《世界新闻报》，不久又收购了《太阳报》。

1976年，他买下了《伦敦时报》--
将其全部纳入1980年创建的新闻集团的控制之下。默多克是300人委员会的高级代表，他几乎垄断了数百万美国人和英国人在电视屏幕上看到的和在报纸上读到的内容。现在有可能对数百万人进行长期渗透和内部调节，并对他们进行真正的"洗脑"。

一场无声的政变已经发生，而英国和美国人民没有意识到正在发生什么。1988年，新闻集团从理查德-尼克松的朋友沃尔特-安纳伯格手中收购了三角出版物（包括《电视指南》），尼克松曾于1969年任命其为美国驻英国大使。1993年，默多克的影响力进入了亚洲，他收购了亚洲Star-TV频道的多数股份。

但美国的卫星市场才是默多克的主要关注点。为了减少债务，新闻集团在1998年以28亿美元的价格出售了*福克斯娱乐网*18.6%的股份，并在2001年通过向迪斯尼出售*福克斯家*

庭环球公司，又出售了29亿美元。由于现金充足，默多克准备从休斯手中收购*DirecTV*。

没有等待FCC的批准（也许已经由代理人秘密批准），EchoStar收购*DirecTV*的投标于2001年10月被接受。2002年7月，在一个 "基督教广播公司团体"在司法部门前示威后，联邦通信委员会最终宣布拒绝合并提案，以避免出现损害消费者的垄断。

同时发布的FCC裁决允许默多克的新闻集团收购休斯公司34%的股**份**--允许默多克任命自己为休斯公司董事长--但一年后在上诉中被第三巡回上诉法院推翻，该法院将规则发回FCC以证明其修改的合理性。尽管如此，默多克还是继续其卫星电视节目，同时从出售PanAmSat给私募股权公司Kohlberg Kravis Roberts & Company（KKR）中获利，KKR随后将其在通信卫星中27%的股**份出售**给Providence Equity Partners和Carlyle Group，为自己保留44%。这些股东一起在2005年3月将他们的股票上市--将他们最初的投资回报提高了三倍--同时保留了55%的投票权股份。我们大多数人都知道，凯雷集团是300人委员会的投资组合中的明星之一。

当对财产的细节进行分析时，一个模式开始出现了。毫无疑问，舞台已经搭建好了，远远超出了阴谋的范围，变成了H.G.威尔斯设想的公开阴谋。

与此同时，KKR和凯雷集团（都与布什家族关系密切），都是300人委员会的高级官员，已经控制了我们的电视。300人委员会的行动是明确的。在我看来，罗纳德-里根总统给了默多克优惠待遇，允许它进入由联邦金融公司严格控制的美国市场。广播通信博物馆的网站上有一篇非常有趣的文章--或者至少在我最后一次看的时候是这样。

> "它的福克斯电视网络能够避免遵守联邦通信委员会的财务利益和辛迪加（FinSyn）规则，首先是通过播放少于定义福克斯为 "网络

"所需的节目时间，然后是获得联邦通信委员会对这些规则的临时豁免--
这一行动遭到其他三个广播网络的强烈反对。

此外，默多克还是1988年参议员爱德华-
肯尼迪（Edward
Kennedy）（自从他的兄弟、已故总统约翰-
肯尼迪（John   F.
Kennedy）被暗杀后，300人委员会就不再是他的朋友，
而且当时经常成为默多克的《波士顿先驱报》的目标）
努力撤销另一项联邦通信委员会的豁免权的主要目标，
该豁免权的交叉所有权限制将阻止默多克同时拥有纽约
和波士顿的报纸和电视台。肯尼迪坚持不懈努力的最终
结果是，默多克最终卖掉了《纽约邮报》（后来他获得
了新的豁免权，允许他在1993年购买这家濒临破产的报
纸），并将波士顿的WFXT电视台置于一个独立的信托
机构中。"

卖掉《每日赛马表》后，安纳伯格家族变得富有，并在*赫斯特报社*内   "受人尊敬"。莫-
安纳伯格的儿子沃尔特，作为赫斯特报纸的发行经理，曾
寻求查尔斯-"幸运"-卢西亚诺和梅耶-兰斯基的
"建议"，**帮助他**
"监督"《纽约每日镜报》的发行。令人怀疑的是，沃尔特
曾经询问过这两个人使用的方法。

1926年，安纳伯格离开赫斯特，全职从事他的《赛马表》
的工作，他在为赫斯特报纸工作时曾推广过这一项目。192
7年，他从一个被阿尔-
卡彭恐吓的人那里获得了田纳西山综合新闻局（Mount
Tennes   General   News
Bureau）的控股权，该局被称为赛车电讯服务。1929年，
安纳伯格与芝加哥黑帮达成交易，使他与梅耶-
兰斯基、弗兰克-科斯特洛和约翰尼-
托里奥取得联系。安纳伯格随后成立了一家新公司--
环球出版公司，出版   "墙纸   "和

"硬卡片"。壁报上列出了比赛、马匹、骑师、早间赔率和其他信息，赌徒们用来决定如何投资他们的资金。

几年后，安纳伯格于1934年8月27日在芝加哥创建了全国新闻社，并引起了卡彭黑手党的愤怒。结果，安纳伯格逃到了当时居住在佛罗里达的迈耶-兰斯基那里寻求保护。兰斯基安排安纳伯格把他的新闻服务搬到南佛罗里达州，并以安纳伯格的保护为交换条件分得一杯羹。

有一段时间，该服务还在巴哈马的天堂岛运作，兰斯基在那里经营一家名为玛丽-卡特油漆公司的幌子公司。1936年，兰斯基与黑手党和解，允许安纳伯格与卡彭集团进行交易。据可靠消息，安纳伯格每年支付一百万美元的保护费，并且可以自由地追求其他利益而不被杀手追杀。

随着通讯社问题的解决，安纳伯格买下了一家他认为有"声望和档次"的报纸（这是兰斯基一直谈论的，但他的其他企业缺乏的）--《费城询问报》。自1934年以来，安纳伯格学到了很多东西，并成功地提高了《询问报》的整体发行量。他非常谨慎地把它塑造成共和党政治的一个成功工具和模式，以及促进世界新秩序的工具，尽管非常微妙。

他的儿子沃尔特与共和党人的接触导致他被理查德-尼克松总统任命为驻英国大使。当沃尔特-安嫩伯格于1994年去世时，他的讣告自然没有提到这些琐碎的细节，因为他已经将他的副业收入的一小部分捐给了慈善机构。

不要怀疑我们被媒体所控制，就像媒体本身被控制一样。这是一个阴谋的事实，而不是猜测，现在情况已经相当公开。毫无疑问，如果不是美国赞助和推动的各种项目的秘密资金，这个系统将很难维持，而我所揭露的是阴谋之外的**阴**谋。

第十二章

美国秘密的非预算支出计划曝光

联邦储备法》是使上述法案如此重要的原因，是它使300人委员会对美国人民的控制。它还使在伊拉克的非法战争成为可能，其基础是美国政府无视国家的最高法律--美国宪法，几十年来一直在进行秘密开支和 "非预算"计划。这种秘密金融体系的制度和政治基础可以追溯到18和19 世纪与中国以及后来与土耳其的鸦片贸易。

其载体是英国东印度公司（BEIC），这是一家拥有皇家特许证的私人公司。在19世纪末和20世纪、 ，美国工业和银行业的整合被占据经济的企业牢牢控制，特别是军工企业。十九世纪末美国工业和金融业的伟大法西斯领导人是秘密行动的优秀实践者，这得益于他们在与中国进行鸦片贸易的经验。他们在十九世纪和二十世纪建立的机构和 ，一直没有改变，也是他们的后人至今保持控制的机构。

下面是对美国政治经济结构的总结，它比官方模式更符合事实。官方称，美国资本主义的特点是民主、机会、自我完善、**开放和自由的市场**，以及为了公共利益的建设性监管，简而言之，就是幸福，或美国宪法中规定的对幸福的追求。在这种模式下，领导人以国家利益为重，政治家则照顾其选民。不幸的是，事实是完全不同的。美国被广泛误解的部分原因是由于被控制的教育系统和媒体。随着该制度在几十年间的发展，时间赋予了它在整个政治领域的合法性。一旦实现了垄断控制，无产阶级就会站起来，其独裁统治就会开始。我们正在远离这种决定论；除了作为人的行为和选择的结果之外，没有任何事情发生。

在2001年9月世界贸易中心和五角大楼遭到袭击时，根据政府会计局（GAO）的数据，五角大楼已经发生了3.4万亿美元的
"无证交易"，即有3.4万亿美元的金融交易没有可识别的目的。袭击前一天，国防部长唐纳德-
拉姆斯菲尔德警告说，对其预算缺乏控制是对美国国家安全的一个比恐怖主义更大的危险。袭击发生后，政府停止公**开披露** "无证交易 "的信息。

这个问题不仅限于五角大楼，而是贯穿所有政府机构和部门，从教育部到国防部到印第安人事务局。若干年来，美国政府问责局一直在为联邦政府编纂一套平行的书籍，称为　"美国财务报告"。这份报告试图将　"公认的会计原则 "强加给政府的财务报告过程，以便更清楚地了解政府的实际资产和负债，从而进行更好的规划。无论是五角大楼还是住房和城市发展部（HUD），仅举两个例子，都没有能够在此基础上通过美国政府问责局的审计。

值得注意的是，政府不使用复式记账法来编制账目，复式记账法是自17世纪以来的标准会计做法，它允许对资金的来源和使用进行分类和跟踪，以创建一个商业（或公共）企业的准确图像。使用老式的会计方法运行21_00世纪的军事机器是一**种反常的情况，具有有趣的影响，其中最重要**的是，政府机**构不能或不愿解**释他们用国会拨给他们的钱在做什么。**住房和城市**发展部（HUD）也存在类似情况。它的主要目的，至少在法律上，是**确保低收入的美国人有**机会获得可负担得起的住房，HUD提供这些住房，并在全国范围内提供信贷和信用保险。然而，住房和城市发展部从未汇编过有关其活动的信息，以便它或其他任何人能够按地点看到其在该地点的活动是赚钱、亏钱，还是根本不相**关**。

很少有美国人可能知道，F22空中优势战斗机的制造商洛克希德-

马丁公司也是一个主要的外部承包商，向五角大楼提供财务控制和会计系统。就其本身而言，五角大楼是洛克希德-马丁公司的最大客户。这个例子远非独一无二。洛克希德还拥有一家受雇于住房和城市发展部的子公司，负责管理美国城市的住房，对于一家主要业务是与军事和情报机构合作的公司来说，这是一种不寻常的多样化。

同样，Dyncorp（最近被计算机科学公司收购）是另一家承包商，与洛克希德一样，其收入几乎全部来自政府安全和军事合同。它也是一个为各种政府机构提供信息技术的承包商，包括五角大楼、住房和城市发展部、证券交易委员会（SEC）和司法部。在司法部，它管理着该部门的律师用来管理调查的案件管理软件。

这是一个公开阴谋的极好例子，或者换一种说法，一种远远超出阴谋的情况。Herbert 'Pug' Winokur就是一个利益重叠的例子。他不仅是Dyncorp的董事会成员，而且还是安然公司负责该公司风险管理委员会的董事，也是哈佛管理公司的长期董事会成员，该公司投资于HUD项目。AMS公司是HUD在1996年雇用的一家计算机软件公司，负责管理其内部会计和财务控制软件，在短短**两年内主持了近**760亿美元的无证交易的爆发。AMS违反了受托和控制惯例，安装了自己的设备和软件，而没有与遗留的会计软件和系统相平行。

在这两年里，住房和城市发展部的管理层将通过该系统的贷款和保险量增加了两倍多。任何熟悉银行或保险公司此类系统管理的人都会立即明白，这样的决定（因为必须要有这样的决定）会导致巨大的损失。是无能还是有意？只有易受骗的人才会相信无能的人。AMS主席查尔斯-罗索蒂的回报是被任命为财政部国内税收署（IRS）专员，他在这个职位上监督了财政部与AMS合同的重大变化。他是这些变化的直接受益者，因为白宫的特别豁免权允许罗索蒂和他的妻子保留他们的AMS股**份**。

许多人对上述事实的反应是将其视为无能和缺乏信任的证

据而已，是意外，不是**阴**谋。然而，通过这种相对开放的
影响，**美国**现在已经超越了阴谋，进入了威尔斯所说的
"公**开阴谋** "的阶段。

IMB、AMS
Lockheed、Dyncorp、SAIC和Accenture等公司未能提供能
够通过GAO审计的系统。这些伎俩和政府的理由是对常识
的侮辱，是不道德的。作为私营部门的公司，它们必须通
过审计，才能批准自己的账户并向股东报告。然而，他们
并没有始终如一地达到政府的相同标准。

通常情况下，政府会指责前一届即将离任的政府。然而，
应该注意的是，新的布什政府已经替换了克林顿任命的所
有高级政策制定者，但货币主计长约翰-D-
霍克、国税局局长查尔斯-
罗索蒂（原美国税务局）、主计长大卫-
沃克和中央情报局局长乔治-特内特除外。

简而言之，联邦信贷控制、财务控制、审计和情报所需的
关键职位，以便布什政府不能责怪克林顿政府。

民主党和共和党政府之间的这种无缝过渡代表了一种显著
的跨党派共识，并突出了真正的权力地位。除罗索蒂外，
所有这些人在2004年仍在职。那么罗索提呢？他离开国税
局后成为凯雷集团的信息技术高级顾问。很难想象一个更
具象征意义的重大立场变化。凯雷的业务是全球风险投资
，这意味着它在世界各地投资收购公司，专门投资于武器
制造商和技术。HUD和国防部的大量无证交易不可避免地
引起人们的好奇。与这些交易相关的钱在哪里？不需要太
多的想象力，我们也会想知道凯雷集团从哪里获得资金，
为其收购提供资金。

到二十世纪第一个十年末，美国经济的卡特尔化几乎已经
完成。1889年，美国的主要银行家J.P.摩根在他位于纽约
大街5号的豪宅召**开了一次会**议。他的目的是达成共识，使
美国的铁路所有者能够合并他们的竞争利益。这不仅仅是

一群运输业高管在价格上达成一致。铁路部门还控制着该国的煤田和石油储备，并与该国最大的银行紧密相连。

1914年，美联储的成立完成了这一整合过程。国会将美国货币体系和联邦信贷的控制权让给了银行，从而正式承认了这个卡特尔。这使得相对较少的人能够以美国历史上前所未有的控制程度来**确定整个**经济的价格。

美国的外交政策和美国在二十世纪发动的战争（包括1898年的美西战争和目前的反恐战争），成功地扩大了卡特尔对世界经济的控制。美国内战是为了决定对美国经济的控制，而不是为了废除奴隶制。大多数美国人都会解释过去150年的战争是可悲的，是由于美国无法控制的原因而必须的。其含义是，美国积累其卓越的国际地位是天意的偶然，而不是故意的。支持相反观点的论点引起了对 "阴谋论"受害者的嘲笑性指责。令人欣慰的是，他们认为自利的个人和组织无法为实现共同目标而合作。

当J.P.摩根签订竞业禁止协议时，这并不是一个意外。同样，美国的战争也不是意外，它们比人们普遍认为的要有利得多。第二次世界大战结束时，美国没收了数十亿美元的德国和日本的战争财宝。杜鲁门总统有意识地决定不向公**众透露，也不将其遣返。相反，它被用于**资助秘密行动。

流行的神话是，由于西奥多-
罗斯福对中产阶级的讨伐，信托公司在二十世纪的第一个十年被打破了。罗斯福当然利用他反对 "大企业"的公**开立**场，从他所攻击的商人那里获得竞选资金。也许这解释了为什么他后来签署了一项法律，废除了对这些商人的刑事处罚。这是 "自由派 "或 "进步派"总统的一个共同特征。

第二任罗斯福，富兰克林，被认为是弱者的冠军，他结束了大萧条。正是他建立了国家社会保障体系，该体系的资金来源是对其受益人征收的高度累退税（现在仍然如此）。公司的配套捐款被允许作为税前商业支出扣除，这只是通过从损失的税收中为公司份额提供资金，扩大了该计划的累退性质。

罗斯福是一位杰出的政治家，他以改革议程赢得了压倒性的胜利，但他巧妙地回避了改革议程，没有实施。相反，他宣布了国家经济紧急状态，绕过了法院对其权力的任何宪法挑战。他很快就无视了政府债券合同中的黄金条款，并在1934年创建了外汇稳定基金（ESF）。表面上是为了促进美元在外国市场上的稳定，但这个基金在过去和现在都是完全不同的东西。它不对国会负责，只对总统和财政部长负责。简而言之，它是一个未申报的基金，可以动用联邦信贷。

伺服机构

外汇稳定基金（ESF）的建立与1914年美联储的建立遵循同样的逻辑。后者，即美联储，也是为了应对一场危机而创建的：1907年的崩溃。华尔街传奇人物将J.P.摩根的天才和爱国主义归功于拯救国家。

事实上，崩盘和由此产生的萧条使摩根得以摧毁他的竞争对手，收购他们的资产，并在此过程中向全国和全世界揭示了银行和摩根的强大。并非所有人都心存感激，一些人要求采取立法行动，将国家货币和联邦信贷系统置于公共监督和控制之下。

在一场高超的政治欺诈活动中，联邦储备局是在1912年根据国会的一项法案创建的，目的正是为了这个。联邦储备系统可能是对美国人民施加的最邪恶的奴役，是国际银行家和他们在美国参众两院的代理人之间的阴谋所设立的。

但是，通过创建一个由银行拥有的私人公司，国会实际上将一个比以前更强大的地位让给了银行。

即使在今天，也很少有人知道，美联储是一家私人企业，由它名义上监管的利益集团拥有。

因此，美国联邦信贷和货币体系的控制，以及随之而来的**丰富的特**权信息流，是隐藏在公众视野之外的，是秘密控制的，这倒是解释了美联储主席的神棍性质。

秘密控制的范围并不限于金融领域。1947年的《国家安全法》创建了中央情报局（CIA）和国家安全委员会（NSC），并将三个武装部门的控制权置于五角大楼的一个屋顶之下。这只是将保密原则扩展到 "国家安全"领域。与美联储一样，中情局被免除公开披露其预算，并被赋予对整个情报界的预算控制权，而国家安全委员会则是一个独立于现有国家决策机构（如国务院和直接向总统报告的军事指挥部）的政策制定机构。

1949年的《中央情报局法》建立了一个预算机制，允许中央情报局想花多少钱就花多少钱，"不考虑与政府资金支出**有关的法律**规定和条例"。简而言之，中情局有办法在《国家安全法》的保护下资助任何东西--合法或非法。

在创造了秘密设计和制定政策的官僚手段之后，下一步就是创造实施政策的手段。主要问题是如何控制国民经济中的货币流动。政府的解决方案是在信贷市场上占据主导地位。

为此，它首先在1934年创建了联邦住房管理局（HUD的前身，现在是HUD的一部分），然后是Ginnie Mae，最后是Fannie Mae和Freddie Mac，它们是政府资助企业（GSE），为购房者提供抵押贷款和保险。其背后的政治目标更为微妙。再加上美联储（即**卡特**尔）设定货币价格的权力，联邦证券交易所、全球证券交易所以及最近的住房和城市发展部（HUD）已被证明是调控美国经济中货币流动和需求的强大力量。

军队也进行了改革，在美国历史上首次通过了军事预算和和平时期的部队结构。20世纪60年代初，这种结构通过采用明**确的成本加成收**购程序得到了完善。这一过程的理由和往常一样，是国家安全。事实证明，这种军事预算在调控工业部门方面的效果与控制房地产金融在调控信贷方面的效果一样。它们共同赋予了对经济的实际控制权，正如传统上以货币国内生产总值（GDP）衡量的那样。对上述简述的体制结构稍加思考，就会发现联邦信贷在其承保中的核心重要性。联邦政府通过向GSEs提供由财政部补贴的信贷额度来为其提供担保。进一步的间接补贴，以较低的借贷成本为形式，源于市场认为这构成了政府对其偿付能力的隐性担保。

虽然这个话题时常引起争议，但事实是，创业板公司并不是唯一接受政府支持的公司。

自20世纪80年代初伊利诺伊大陆公司的失败以来，政府非正式地表示支持银行系统。20世纪90年代初对花旗银行的救助以及整个银行业因此获得的隐性补贴，使这一点变得更加明确。**金融机构也不是唯一受益于**这种类型的支持的**机构。洛克希德-**
马丁公司和克莱斯勒公司过去都曾被纳税人从破产中拯救出来，大概是因为以下因素：他们是主要的国防承包商。这样一个系统非常重视规模，如果仅仅是为了银行系统轻率地、毫无说服力地称之为　　　　　　　　　"大而不倒"的理论。[7]但对工业公司来说，与五角大楼建立合同关系也有很大价值。这里不仅有成本加成合同的经济"涅槃"，而且，如果**你足够大**，出于国家安全的考虑，你的基本商业风险得到了保证。因此，公司倾向于将其业务**迁移到**军事市场，而不是纯粹的民用市场；今天，波音公司是这种现象的一个典型例子。其结果是，一个又一个部门的民用公司被本应保护它们的实体推入破产或收购。

成本加成合同的动态变化是，利润随着成本的增加而增加。这在很大程度上解释了美国军事预算的规模，多年来，即使在军事准备程度下降的情况下，美国的军事预算也在

---

[7] "大而不倒"，译者注。

不可阻挡地增长。但正如我们所看到的，由于来自非军事合同的竞争被排挤或被收购，生产力下降的损失在整个经济领域都有体现。

很明显，实体经济中的这些损失必须得到融资，这就产生了比其他情况下更高的信贷需求。鉴于生产力的下降和生产基础的萎缩，不可避免的是，在某些时候净出口会变成负数，美国在1982年进入了这种情况，并在此后不断加剧。目前，美国的净外债约为3万亿美元（占GDP的30%），并以**每年**约5000亿美元的速度增长（占GDP的5%）。

为这样的国外借贷需求提供资金而不使货币贬值，既需要有能力尽可能地控制国内现金流，也需要至少一些关键的外国国家合作，以实现对国际现金流的同样控制。在后一**种情况下**，这部分采取的形式是，拥有美元盈余和强大净出口头寸的国家增加干预，以防止市场推动美元下跌。

实际上，这意味着他们正在积累越来越多的美元，而这些美元又被他们投资于美国国库券。外国人现在持有约45%的美国未偿还国债。1月，日本银行代表日本财政部干预了货币市场，仅在该月就买入了高达690亿美元，超过了2003年干预总额的30%，而2003年本身就是一个创纪录的年份。

所有这些似乎与黑色预算没有什么关系，大多数人把它与"黑色"情报行动联系起来。然而，事实是，如果不了解其产生的政治、历史和经济背景，就不能孤立地理解黑色预算。了解它的一个方法是比较趋势。例如，在1950年，道琼斯工业指数是200，而今天的道琼斯指数是10,600。1950年，贩毒在美国是一**种相**对未知的犯罪。今天，它很猖獗，不仅在城市，而且在小城镇和农村社区也是如此。1950年，美国拥有世界上大部分的黄金，是世界上最大的债权国。今天，它是世界上最大的债务国。1950年，美国是向世界其他地方出口工业品的主要国家。按照目前的趋势，美国在制成品方面不能自给自足，到2020年甚至不会有一个像样的制造业。

这些趋势之间是否有联系，或者是随机的？想到贩毒和股市之间的正相关关系似乎很奇怪，但考虑到这一点：在20世纪90年代末，美国司法部估计，进入美国银行系统的贩毒收益**每年价**值5000亿至1万亿美元，或超过GDP的5-10%。犯罪所得必须找到一种方式进入合法的，即合法的渠道，否则它们对持有者没有价值。如果我们还假设银行系统在处理这种流动时能得到1%的佣金（**如果考**虑到洗钱是一个卖方市场，则佣金相当低），那么银行从这种活动中获得的利润约为50至100亿美元。

美联储保持沉默的一个原因是，政府本身的机构已经参与了六十多年的毒品贩运。要理解黑色预算，就必须了解美国为了追求海外战略目标而向外国出口商开放美国药品消费市场的做法。

麻醉品的便携性和生产与销售点之间价格的大幅上涨使其成为秘密行动特别有用的资金来源。最重要的是，销售毒品的收益完全在常规和宪法规定的资金渠道之外。这在一定程度上解释了从哥伦比亚到阿富汗等世界各地冲突地区的毒品贩运的普遍性。

然而，对毒品贩运在销售点对社区和经济的影响的研究却很少。例如，考虑对房地产市场和金融服务的影响。房地产是一个有吸引力的部门，可以利用来自毒品销售的多余现金，因为作为一个行业，它在洗钱方面完全不受监管。由于现金是一种可接受的，而且在某些地方是人们熟悉的支付方式，大**笔**资金可以很容易地被处理掉，而不会有太多的评论。这可能并确实导致了当地需求的严重扭曲，反过来又助长了房地产投机和为其融资的信贷需求的增加，以及投机和欺诈的大量机会。

20世纪80年代的伊朗禁**运事件包含了所有**这些因素；虽然许多人熟悉向伊朗出售武器以资助中央情报局支持的尼加拉瓜游击队和萨尔瓦多的行刑队，但鲜为人知的是对当地金融机**构的系**统掠夺和向美国出售毒品。而当一家银行倒闭时，股东、未投保的储户和纳税人都要买单。

问题是，毒品贩运创造了一种环境，在这种环境中，从事非经济活动的动机大于从事经济活动的动机。简而言之，偷窃的利润要比遵守规定的利润高。

在**卡特**尔化经济中，从公共政策的角度来看，重要的是控制和集中任何**种**类的现金流的能力。为此，银行倒闭并不重要，重要的是有联邦信贷来抵消损失。这样一来，损失的货币成本就转嫁到了国家纳税人的身上，或者说是社会化了。因此，只要有愿意向联邦政府贷款的人，这个游戏就可以继续。通过曾任众议院银行委员会主席的国会议员路易斯-T-麦克法登（Louis T. McFadden）的眼睛，对作为犯罪企业的美联储进行简要介绍，可能证明是有启发性的。

> *这里没有一个人不知道，联邦储备银行系统是人类有史以来最大的骗局。*

一位伟大的美国爱国者，已故国会议员路易斯-T-麦克法登如是说，他是一位勇敢的政治家，在国会任职期间一直与美国国家的畸形癌症作斗争。这位勇敢的爱国者是美国的伟大英雄之一，他因为敢于大声反对1913年联邦储备法强加给他所爱的国家的公然货币奴役而付出了生命的代价。

有人曾**两次**试图杀害麦克法登，但都失败了：第一次是当他从华盛顿一家酒店外的出租车上下来时，有人向他开枪射击。两次射击都失败了，子弹射入了出租车的车身，而不是预定的受害者。对麦克法登生命的第二次尝试是通过毒杯的方式。对麦克法登和美国国民来说，幸运的是，在他参加的一次**晚宴上有一位医生在**场。医生得以抽出胃部，及时将麦克法登从死神手中抢了过来。第三次尝试也是通过切割毒药进行的：这一次成功了。奇怪的是，死亡证明上的死因是 "心脏衰竭"。

> ➤ 是什么构成了腐败的中央银行系统，谁是掌管它的人？

> ➤ 这些把美国人民当作奴隶的人是谁？

> ➤ 谁是成功规避美国宪法的人？

> ➤ 这些取笑国庆节的人是谁？

在这本书中，我试图揭示这些黑暗和阴险的人以及他们的"该死的巴比伦"银行系统，每个国会议员似乎都在害怕。

当美联储的阴谋家们成功地使他们的畸形法案获得通过，当16

修正案获得通过时，多年来阴谋建立人类历史上已知的剥削和抢劫美国人民的最可怕的有效方法的篇章就结束了。

一群肆无忌惮的人协同努力，推翻了美利坚合众国宪法的规定，得到的回报是《联邦储备法》的通过，该法将金融权力和暴政置于少数不露面的人手中。在联邦储备银行系统生机勃勃的情况下，谈论自由和正义是徒劳的，甚至是愚蠢的。只要美联储还在，我们就没有自由和正义。在一个非常真实的意义上，我们是奴隶，因为我们每个人欠美联储的钱不都是超过23000美元吗？他们是这么说的!我们是否被所谓的"国债"所累？

如果答案是

"是"，那么我们确实是奴隶。联邦储备银行系统是围绕12家私人银行建立的。一些银行被巧妙地重新分类，使其永远不能被称为"中央银行"，但没有人被这样的欺骗所蒙蔽!

被称为美联储的私人银行垄断机构将美国置于一个最可怕的任务负责人手中，比古埃及法老的任务负责人还要糟糕。当然，国会最应受到谴责的失职行为发生在1913年，当时它把对美国人民的生杀大权交给了一帮人，伟大的作家H.L.Mencken称之为"低级的恶棍"。

联邦储备银行（被称为美联储）是以"Threadneedle街的老太太"（英格兰银行）为蓝本，其首席

设计师J.P.Morgan一直是欧洲君主制的财政代理人。由
"老约翰-P
"建立的银行王朝仍然代表着方迪，即老王室和他们在威尼斯的表亲黑人贵族。这在2007年仍然是非常重要的状态。

美联储每年都能获得巨额利润，在麦克法登出现之前，没有受到宪法的挑战。1930年，麦克法登起诉美联储，要求归还280亿美元，他声称这些钱是从美国人民那里偷的。麦克法登对美联储神圣门户的攻击在华尔街掀起了冲击波。这被视为对罗斯柴尔德王朝的不体面的挑战，该王朝由梅耶-阿姆谢尔-
罗斯柴尔德建立，其最大的成就是将其代理人奥古斯特-贝尔蒙特（假名）置于地球上最强大国家的财政和货币事务的领导地位。罗斯柴尔德的另一个代理人是亚历山大-汉密尔顿（也是一个化名），他从西印度群岛出现在华盛顿和纽约的舞台上。

汉密尔顿，实际上是一个英国特务，在贝尔蒙特的充分合作和支持下，迅速控制了美国的货币政策。汉密尔顿和贝尔蒙特在令人惊讶的短时间内成功地渗入了华尔街银行界和纽约上流社会。汉密尔顿和贝尔蒙特共同帮助奠定了后来成为人类有史以来最大的奴隶制国家--
美利坚合众国的基础。似乎没有人关心   "美联储
"不是一个真正意义上的储备银行，因此是一个巨大的骗局和骗局。

这是因为我们的学校和大学故意采取了一种政策，甚至从不教授货币的基本知识，再加上威胁和恐吓，足以使货币变得   "神秘
"和所谓的难以理解。一个没有领导、没有骨气的国会只是让人们对 "金钱 "的基本概念更加缺乏了解。

国会至今仍在公然失职，因为它允许美联储以牺牲美国人民的利益为代价使自己永久化，因为它清楚地知道美联储是一个非法机构。这样一个可怕的噩梦是如何变成现实的？这一切是如何开始的？欧洲的中央银行是如何设法颠覆

美国宪法的--他们如此痛恨美国宪法--
似乎是在国会的眼皮底下，而国会应该是被选举出来维护
宪法的？为什么邪恶的人能够克服美国法律的一项规定，
而这项规定是为了保护美国人民不受欧洲中央银行的
"不择手段的恶棍"的影响？

在把他们的代表安排在众议院和参议院的关键位置后，欧
洲的银行家们，也就是阴谋家们，迅速采取行动，巩固他
们建立的滩头阵地。

唯一看到这一切的人是安德鲁-
杰克逊总统。当选时，他承诺将关闭美国第二银行，也就
是今天联邦储备银行的前身，在华尔街多年的无情压力下
，1816年，美国第二银行被迫向麦迪逊和共和党人开放。
与拥有20年特许权的第一美国银行一样，第二美国银行也
是一家私人银行，没有向美国人民提供任何好处。它的唯
一目的是以牺牲美国人民的利益来充实银行的股东，杰克
逊很快注意到这一事实。

杰克逊公开谴责该银行，他禁止政府的钱存入美国第二银
行的策略取得了毁灭性的成功。他对该银行及其股东的攻
击是迅速的，在美国银行业的历史上是无与伦比的。在这
一点上，杰克逊得到了大多数美国人民的支持，当他竞选
连任时，他在一片欢呼声中回到了白宫。他为美国人民赢
得了一场重大胜利，并迅速否决了国会通过的一项将延长
第二家美国银行寿命的法案。

杰克逊非常受人民欢迎。国债被消灭了，政府成功地实现
了盈余。杰克逊下令将国家盈余的3500万美元在各州之间
分配，这也是宪法制定者的意图。令人担忧的是，即使在1
832年，该银行也被国会通过。从那时起，众议院和参议院
一直拒绝关闭美联储，我们经常看到我们的立法者向
"美联储　　　　　"主席鞠躬的场面，不管他是谁，从阿瑟-
伯恩斯到艾伦-格林斯潘。

每当　　　　　　　　　　　　"美联储

"主席被传唤到委员会作证时，看到立法者们拉着集体领带的样子，令人痛心。我永远不会忘记一个特别的事件，沃尔克坐在那里，把雪茄烟吹到委员会成员的脸上，而犹他州的参议员杰克-加恩则慷慨地对他鞠躬。但委员会的参议员们对沃尔克所代表的东西视而不见，从而帮助玷污了他们发誓要捍卫的宪法。

宪法对谁应该控制钱的问题规定得非常清楚。

第1条第8节第5款规定。

> "...只有国会有权铸造货币，管理其价值和外国硬币的价值。"

他继续说。

> "任何国家都不得将金银以外的硬币作为支付债务的手段。"

宪法》没有任何地方允许国会下放其权力。每次选举中最重要的问题应该是联邦储备委员会的继续存在，任何职位的**每一位候**选人都应该被要求签署一份承诺书，即如果当选，他或她将投票废除美联储，这种承诺书将具有法律约束力。如果不遵守这一承诺，就应该被免职。

负责将美联储带到美国海岸的人属于一个流氓团体。萨尔蒙-P-蔡斯、J.P.摩根、亚历山大-汉密尔顿、曼德尔-豪斯上校、阿尔德里奇-弗里兰、A-皮亚夫-安杜、保罗-沃伯格、弗兰克-范德利普、亨利-P-戴维森、查尔斯-D-诺顿、本杰明-斯特朗、伍德罗-威尔逊总统、阿尔塞纳-普霍和塞缪尔-恩特迈尔，这只是几个值得一提的人选。

这些人和他们的华尔街盟友对年轻的美国国家造成的损害比任何攻击我们海岸的外国军队都要大。如果我们被一个外国势力入侵并打败，我们不可能比现在更被奴役，更不自由，更没有理由相信我们的开国元勋所设想的美国的未来。我们陷入了一个巨大的骗局中，理性的人拒绝相信它

。伟大的美国爱国者威廉-詹宁斯-
布莱恩大声反对这种新形式的奴隶制，并谴责纸币贵族。

> 国会拥有铸造和发行货币的唯一权力。我们要求，所有
> 被定为法定货币的纸币都应能以硬币兑换。

但就像施洗者约翰一样，他是一个在旷野中呼喊的声音。1
908年5月30日，国会通过了《联邦储备法》，在此之前的1
907年，摩根是一场精心策划和上演的　　　　　　　　　　"恐慌
"的主要煽动者和设计师。即使在2007年，摩根通过其首席
执行官丹尼斯-韦瑟斯通（Dennis
Weatherstone），继续在摩根华尔街办公室上空飘扬的英国
国旗下，**每天**对国务卿的财政政策发号施令。

1908年的法案名为　　　　　　　　　　　　　　　　"阿尔德里奇-
弗里兰紧急货币法"。选择这个名字本身就是为了误导公众
。没有什么紧急情况。顺便说一句，纳尔逊-
奥尔德里奇是大卫-洛克菲勒的祖父，而爱德华-B-
弗里兰是来自纽约的银行家-
副手，他心甘情愿地为他的主人履行规定的服务，违反了
他捍卫宪法的誓言。这样就为反对人民的战争奠定了基础
。请不要让人读到这个消息而不相信。美联储的建立是对
美国人民的宣战。

历史揭示了三种基本类型和风格的战争。发动战争的唯一
直接方法是宗教，这涉及到要求人们掏出他们的口袋来服
从上帝，而上帝通常会变成有一个地球上的地址。这种方
法相当不可靠，因为幻想破灭的速度相当快，而且越来越
难以扭转。通过军事征服的战争当然是最容易识别的方法
，但要维持对被征服国家的占领，需要花费大量的金钱，
除非能够克服对入侵者的强烈仇恨，否则就永远不会真正
征服。

在布尔什维克革命、毛泽东的中国和柬埔寨的波尔布特的
案例中，这是通过谋杀数百万被称为
"反革命分子和持不同政见者

"的人完成的。如果我们继续无视   "美联储
"的压倒性优势，同样的情况也会在美国发生，因为它肯定
会发生。如果我们不开始把精力从电视鸦片和大众体育的
毒品中转移出来，我们肯定会在历史上成为世界历史上被
征服的最大国家。

第三种，也许是最有效的战争形式是经济战。说所有的战
争都源于经济，这是正确的。战争的根源在于经济，而且
一直如此。在这种情况下，被征服的人口对俘虏者更加温
顺和合作。他们享有一定的行动、宗教和集会自由，他们
甚至服从于**每两年或四年一次**选举代表的闹剧。我们今天
在美国所拥有的不是一个银行系统，而是它的一个反常现
象，在这个系统中，大规模的盗窃行为被实施。

这个系统完全是变态的，由穿着商务套装的骗子管理，他
们坐在镶边的办公室里，对美国人民隐藏自己的身份。今
天，在联邦储备银行系统被国会强加85年后，控制我们国
家财政的人的名字仍然不为我们所知。在这个   "政府公**开**
"和大量法律禁止公共事务闭门造车的时代，这些地毯式的
人[8]，仍然能够秘密地进行国家的银行业务!我们，人民，
怎么可能容忍一种永久的状况，即我们无从知道这些人是
谁，因此，我们永远无法追究他们的责任？铸造货币和调
节其价值的权利完全属于人民，然而我们年复一年地继续
允许这些盗贼继续对国家进行勒索。

美国用毫无价值的支票簿货币和美联储债券来处理其货币
和财政事务。真正的钱，国家的硬币，总是由政府发行的
，在现在看来早已不复存在的时代。现在它已经落入高级
盗贼手中。通过一个账本条目，美联储凭空创造货币，然
后以高利贷利率将其借给美国财政部，这通常会使国家室

---

[8]
"Carpetbaggers"是一个贬义词，指的是那些接管各国货币体系的
银行家-商人-商人们。

息。圣经》中关于高利贷是死罪的法律怎么了？对这个国家的人民发动的经济战争已经到了一个地步，如果我们不加以制止，我们的生活方式将随之发生巨大变化。我们已经是一个被奴役的民族；剩下的就是美联储的主人将其正式化。

1910年，**阴**谋家们觉得自己足够强大，可以对毫无戒心的美国人民采取行动。密封列车于1910年11月22日**晚**间出发，准备地面。像列宁一样，他们认为密封的火车是实现完全匿名的最佳方式。这列密封的火车离开新泽西州的霍博肯，前往乔治亚州海岸的杰基尔岛。

历史上从未有如此强大的敌人向一个毫无戒心的国家发动战争。他们的武器是背叛、叛乱、谎言和欺骗。在参议员Nelson Aldrich的带领下，该小组由A.财政部助理部长皮亚特-安德鲁、代表纽约第一国民银行的查尔斯-D-诺顿、纽约国家城市银行的弗兰克-范德利普、J.P.摩根的亨利-戴维森、保罗-莫里茨-沃伯格、本杰明-斯特朗和几个较小的银行参与者。他们着手进行的项目是如此令人发指，事业是如此深远，我敢说它将超过美国所参与的任何战争的痛苦和折磨。

关于这个团体和他们在杰基尔岛召开会议的第一个迹象，见于E.C. Forbes在1916年发表的一篇文章。没有一个杰基尔岛的参与者写了**关于他**们的项目。尽管卡特-格拉斯、沃伯格和豪斯都写了很多**关于他**们的弗兰肯斯坦创作的文章，但他们都没有透露他们在剥夺美国人民遗产的**阴**谋中扮演的角色。毫无疑问，推动者和引导者是保罗-莫里茨-沃伯格，因为他拥有其他人所缺乏的欧洲中央银行的经验。

在我看来，奥尔德里奇只是沃伯格给参议院的一个方便的信使。他被列入杰基尔岛阴谋的唯一原因是他表现出愿意起草立法并执行沃伯格和华尔街银行家的命令。

斐迪南-伦伯格在他的《六十家》一书中说。

> "漫长的杰基尔岛会议是在精心策划的保密气氛中进行的。前往格鲁吉亚的旅程是在奥尔德里奇和旅行者租用的私人汽车中进行的，所有这些都是为了让列车员无法**确定他**们的身份。在很长一段时间里，人们认为没有举行过任何会议。金融家们想要一个欧洲模式的中央银行，以便于大规模操纵国民经济。
>
> 人们希望有一个能够像美国银行那样运作的工具，而美国银行因为将太多的权力集中在私人手中而被安德鲁-杰克逊拆毁。老兵纳尔逊-奥尔德里奇提出了一个由杰基尔岛   "猎鸭人"设计的方案，该方案立即被打上了华尔街邪恶企业的烙印，到目前为止还没有结果。"

威尔逊政府的任务基本上是将该措施列入法规，但以一种古怪的方式加以伪装。起草这样一份法案的任务被交给了沃伯格，他是**阴谋**集团中最有经验的银行家之一。沃伯格与伟大的华尔街金融家合作，正如他的回忆录所揭示的，当需要政府的建议时，他与爱德华-M-豪斯上校商议。

华尔街的计划，经过威尔逊和卡特-格拉斯的表面修订，只不过是杰基尔岛猎鸭人的中央银行蓝图，披上了装饰品。它遭到了华尔街不知情的人的一些反对，但得到了美国银行协会的广泛支持。在实践中，纽约联邦储备银行成为12个地区银行系统的桥头堡。其他11个是为了解决中央银行的问题而建立的陵墓，以减轻杰克逊主义者在内地的恐惧，规避宪法对单一中央银行的限制。

人们还能想象有什么比伟大的美国，决心获得自由，并为实现其目标与英国进行了一场重大的战争，现在却被一群背信弃义的银行家所欺骗更令人羞耻吗？正如我在其他地方和我的其他出版物中所说，美国妇女和儿童被迫去工作，人数越来越多，报酬也越来越少，而他们失望和失业的丈夫和父亲则被迫呆在家里，因为没有工作。离婚在增加，杀害不想要的未出生的孩子的情况也在增加。堕胎已经成为一个合法的屠宰场，为那些经营乱葬岗的人创造了大量的金钱。所有这些都是300人委员会和他们的爪牙所为，他们是叛徒和叛乱分子，无视宪法。

与过去只有   "王室"才能发行货币的时代相比，这种变化是通过用神学代替科学方法来实现的，哲学在腐败和实用主义面前失去了地位，被薄薄地伪装成现代银行方法。我们已经允许银行无中生有。人类曾经创造过什么？答案是，除了   "钱"之外，完全没有。创造意味着制造一些以前不存在的东西。谈到纸币，我们看到了什么？我们的政府说它是法定货币。但它是不值钱的纸，上面写着一系列的面额，所以它可以   "交换"到真正有价值的东西，比如说房子。但是，即使是一个家或一栋房子也不是创造出来的。

它是由人类用他的聪明才智来改变某些已经存在的物质的形式，如粘土、硅石、木板等物质，结合他的劳动来获得一个成品。盖房子要花钱，但我们   "美联储   "的奴隶主"创造货币"几乎不花钱。事实上，唯一的成本是印刷成本，即使是这个成本也主要是由美联储以外的人承担的。因此，不难看出《**圣经**》所说的   "巴比伦的娼妓"是多么**不公平和不公正**。

没有钱我们能行吗？答案是否定的，但同样地，赚钱的人--通过他的聪明才智和辛勤工作建造房子的人--应该得到--但没有得到--充分的回报。

重新平衡这种不平等的唯一方法是把创造金钱（而不是赚取金钱）的权力从杰基尔岛密封列车强盗的亲属手中夺走。如果我们不这样做，如果我们不把创造货币的权力还给国会，我们就是一个注定要失败的国家。当伍德罗-

威尔逊在佩克情书曝光的逼迫下被勒索签署《联邦储备法》时，我们这个国家失去了不可剥夺的权利和自由。在那个臭名昭著的日子里，我们的许多立法者决定回家过圣诞节比在杰基尔岛站岗对抗野蛮的海盗更重要，这的确是一个与珍珠港无法相比的臭名昭著的日子。

"有什**么不好**，**美**联储有什么问题？"经常有人问我。首先，这都是一个可怕的谎言：它不是一个政府机构，它是非法的，因为国家的最高法律权威，宪法，说它是非法的。这使我们都成为逃犯，生活在一个非法的社会中。美联储通过征收高利贷（利息），通过高利贷（利息）支付从财富生产者那里勒索钱财，从实际财富生产者那里窃取了数十亿美元。

最终的结果是，我们这些人被迫向一个不知名的、不露面的银行家集团支付数十亿美元的贡金。

我们正在向一群不露面的骗子支付数十亿的利息，而这些钱是我们不得不从那些我们一开始就义无反顾地把钱送给他们的人那里借的。更糟糕的是，通过这样做，我们正在给这些银行家提供手段和资源，以引导我们的经济向委员会认为理想的方向发展。

第十三章

美联储的政变

1929年，美国是一个繁**荣的国家，尽管威**尔逊把它拖入了**灾**难性的第一次世界大战。这个国家拥有所有的技能、自然资源和聪明才智，可以使它成为世界上真正伟大的工业强国。农业用地丰富而肥沃，我们的人民准备长期努力工作，以商品和服务的形式生产真正的财富。但那些在杰基尔岛参与卖国的人并不满意。贪婪主宰了他们。通过在这里和那里使经济脱轨，300人委员会通过组织严重的货币供应短缺成功地摧毁了美国梦。美国从来没有被入侵的军队奴役过，也没有被饥饿和流行病袭击过。无论发生什么，我们都能处理。但后来货币供应者决定在最需要维持国家血液的时候切断货币供应。

结果发生了什么？我们的国家被消灭了。文化名城德累斯顿在第二次世界大战中受到温斯顿-
丘吉尔的谋杀性轰炸的影响，并不像美国在1929-
30年的大萧条中那样严重。

联邦储备银行，故意和恶意地从货币供应中提取了80亿美元，使25%的劳动力失去工作。他们拒绝向农民和商人提供信贷和贷款。然后，当没有人能够支付时，他们就没收了国家的真正财富：房屋、农场、财产和设备。

换句话说，联邦储备委员会，这个由政变实时创建的非法实体，通过收紧货币供应量，剥夺了国家在商品和服务方面的真正财富，使其在美国华尔街崩溃后以微薄的价格抢夺房地产。这可能在任何时候再次发生。允许美联储抢劫我们的机器，今天仍然存在，完好无损，就像1929年那样。当然，这就是它的设计目的。

美联储从来没有被审计过。总审计局（GAO）是政府**开支**的监督者，但从未被允许这样做。在麦克法登的压力下，美国政府问责局做出了审计美联储的努力。审计小组在银行大门口被阿瑟-伯恩赛格拦住，他自我介绍说是阿瑟-伯恩斯。他拒绝让审计小组进入银行。伯恩斯当时是财政部长；换句话说，他是一名公务员，但他是为他的主人--私人美联储行事。

我不想把这篇文章变成关于经济学、货币、货币和银行的技术性问题的讨论，所以我将尽量保持简单。联邦储备银行系统的设置方式允许银行以我们的利益为代价赚取巨额利润。事实上，这就是整个工作的关键所在。

看看事实，你就会发现，在目前的系统中，牌是对我们不利的。货币系统是昂贵的。它收取金钱（高利贷）来借出金钱，也就是社会用来创造真正财富的金钱。因此，它的**效率极低，使少数人受益，使多数人受**罚。简而言之，它的目的是在明显没有钱的地方制造钱的短缺。这就造成了社会问题，这些问题不断加剧，使国家与良好的政府、社会正义、自由和适当的社会秩序不相容。在这一切中，你会发现革命的种子。革命为政府中止宪法的规定铺平了道路。很快   "1984"就会出现在我们面前。以良好秩序的名义，我们将被告知我们的公民自由必须被中止。我们可以很容易地看到我们是如何被带入一个陷阱，除非我们在陷阱启动之前采取行动，否则就无法逃脱。我们必须意识到的是，通过微妙的手段，我们人民（通过我们选出的代表）的不可剥夺的权利已经被颠覆了。通过废除硬币，用信贷和支票簿货币取而代之，我们发行这种货币的权利和对其价值的控制已经通过银行界对信贷的垄断转移到了银行界。这种转移的实际效果是将否决国会和总统所表达的人民意愿的权力放在了不择手段的人手中。

如果说有什么近乎完美的政变，这就是了。

这就是为什么如此难以分配责任。我们有多少次听到心怀不满的选民发誓不再投票给一位总统，因为他或她的经济政策没有发挥作用。事实是，总统的经济政策永远没有机会起飞。

总统并不能控制美国的经济命运。这一特权属于美联储。人民，即总统，在1913年失去了控制货币的权力，并随之失去了对我们集体命运的控制。

现在回到阴谋家和他们的杰基尔岛会议，保罗-莫迪兹-沃伯格是为新的中央银行想出了一个标题的人。正是沃伯格说，奥尔德里奇不应该在法案的序言中使用他的名字，因为这可能会引起国会中反对派的警觉，因为他们之前已经拒绝了奥尔德里奇建立中央银行的措施。沃伯格坚持将德国帝国银行的规定纳入该措施的措辞中，即把对利率的完全控制权交给美联储，以及对信贷收缩和扩张的控制。正是这一规定导致了1930年代的大萧条。沃伯格表示，他认为美国的银行系统。

> "......对旧世界的几乎所有神圣的银行原则都采取了暴力行动。"

沃伯格占了上风，国会如此轻率地签署的东西与帝国银行宪法非常相似。威尔逊通过任命沃伯格为美联储第一任主席完成了叛国的循环，即使在威尔逊将美国拖入与沃伯格的祖国德国的战争之后，他仍继续担任这一职务。这就是"一个世界一个政府
"的**阴**谋的力量。对他们来说，没有什么人的牺牲是太大的，没有什**么目**标是不可实现的，没有人可以免遭他们的阴谋，无论是美国总统还是一个下属。人们会认为，政府和我们在国会的代表会渴望，如果不是彻头彻尾的焦虑，让**公众注意到美**联储的真相。没有什么能比这更符合事实了。秘密改变美国货币法的罪行被掩盖在人民面前。在我看来，没有比这更大的罪行了。历史学家普林尼称这种行为是
"反人类罪"。通过向人民隐瞒《1913年联邦储备法》的真

实意图和目的，国会和美国银行协会犯下了危害人类的滔天罪行。

亚历山大-
汉密尔顿投票通过了欧洲中央银行系统的方法，并将其插入美国的银行法中，从而大大促进了对禁止中央银行的美国宪法的颠覆。汉密尔顿在他的主人罗斯柴尔德的授意下，故意颠覆了宪法制定者的意愿，以规避宪法。汉密尔顿协助并教唆改变了条件，然后为人类已知的最大的银行垄断机**构，即美**联储的诞生提供了肥沃的环境。

随着我们的货币体系被锁定在一个永久的不稳定和不健全的状态中而无法自拔，成为一个真正自由的民族的希望渺茫。在19世纪初，商业周期是绝对闻所未闻的，因为在货币政策下根本不可能发生，而这些政策一直沿用到本世纪末。我们
"的系统现在所做的是保证通货紧缩，试图用提高价格和实际上增加通货膨胀机会的信贷政策来阻止它。

利息（高利贷）是商业周期的另一个原因，我们的西方经济是建立在债务基础上的，这种情况可以而且将导致文明的毁灭。今天，在美国，我们关注的是社会正义，但在联邦储备局关闭和国会法案废除国债之前，我们无法获得社会正义。当以下货币状况盛行时，一个国家如何能够生存，更不用说进步了？接下来是一个公开的阴谋，立法者知道，但不会采取任何行动。

> 货币的发行和对其价值的控制都掌握在私人垄断机**构手中，由不**为人民所知的人管理。

> 国家的最高行政部门，即总统，对美联储没有控制权，除了任命主席之外，没有任何投入，也无权干预其事务。

> 总统的任何经济政策都可以被美联储的私人银行控制者阻挠或破坏。

> 这家银行从我们的政府那里免费获得了几乎所有它需要的资金。然而，当我们的政府需要钱给人民时，它必须以利息（高利贷）向联邦储备银行借钱，它必须以有利息的债券形式偿还。这些债券永远不会被撤回，即使它们被完全偿还了。这是一个巨大的欺诈行为。

> 由于这些欺诈性的交易，人民的债务越来越多，而总统对此无能为力，人民代表也不想阻止。

> 银行家的垄断被允许随意创造货币。他们只需在他们的账本上进行记录，就能无中生有地创造出金钱。

> 从来没有对美联储进行过审计。

共和国的创始人之一约翰-亚当斯曾经说过。

美国所有的困惑、混乱和苦难并不是因为邦联宪法的缺陷，也不是因为缺乏荣誉或美德，而是因为对货币、信贷和流通的本质完全无知。

这无疑是有史以来最准确的说法之一。在《所罗门书》中，我们读到以下内容。

借款人是贷款人的仆人。

我们，作为一个国家，一个自豪的民族，现在只是贷款人--美联储的仆人。作为仆人，我们没有地位。这就是为什么没有必要庆祝国庆节。

耶稣基督说。

我实实在在地告诉你们，仆人不比他的主大。

> 那么，**我**们在7月4日庆祝什么呢？

> 我们作为仆人的地位？

> 或者是我们的自由，我们在1913年失去了自由？

> 我们持续的金融奴役？

现在，这里有一些值得深思的名言。第一个是来自伍德罗-威尔逊总统，他在生命的最后时刻对签署《联邦储备法》感到痛苦的后悔，并在临终前抱怨道。

> 一个伟大的工业国家是由其信贷系统控制的。我们的信贷系统是集中的。国家的发展和我们所有的活动都掌握在少数人手中。我们已经成为世界上治理最差的政府之一，成为最完全被控制和支配的政府之一；不再是一个自由意见的政府，不再是一个由信念和多数票组成的政府，而是一个由一小撮主导者的意见和胁迫组成的政府。

而威尔逊在死前说。

"我背叛了我的国家"。

乔赛亚-斯坦普爵士，他在20世纪20年代担任英格兰银行行长，是英国第二大富豪。

> 银行是在不义中受孕，在罪恶中诞生。银行家拥有地球；拿走钱，但给他们留下创造存款的权力，只要一挥笔，他们就会创造足够的存款来赢回地球。然而，把这些钱从他们身上拿走，所有伟大的财富，像我一样，都会消失，他们应该从这个世界上消失，因为那样的话，生活会更幸福，更愉快。但如果*你想*继续做银行家的奴隶，并为自己的奴役付出代价，就让他们继续创造存款。

Robert H. Hemphill，乔治亚州亚特兰大联邦储备银行系统的前信贷经理（当然，这是在他离任之后）。

> 这是一个惊人的想法：我们完全依赖商业银行。我们流通中的*每一美元都必*须有人去借，无论是现金还是信贷。如果银行创造大量的合成货币，我们就会繁荣。如果没有，我们就会挨饿。我们绝对没有一个永久性的货币体系。当*你从大*处着眼时，我们绝望的处境的悲惨荒谬性几乎令人难以置信，但它就在那里。它是如此之大，

以至于如果它不被广泛理解，如果它的缺陷不被迅速纠正，我们目前的文明可能会崩溃。

Louis T. McFadden议员。

联邦储备银行现在是世界上有史以来最腐败的机构之一。

美联储属于一般的类别，我给你们简要介绍一下它的构成。我将引用他们自己的出版物。

联邦储备系统包括理事会、联邦公开市场委员会、联邦咨询委员会和成员银行。该系统的功能是在货币、信贷和银行领域。联邦储备系统是在1914年组织的。

美联储政策和决定的责任在于理事会、联邦公开市场委员会和联邦咨询委员会。

(请注意，责任并不在于总统或国会。这是这些银行官员的责任）。

在某些事项上，法律将主要责任赋予理事会，在其他事项上赋予储备银行，在其他事项上赋予委员会，尽管在实践中存在着密切的行动协调。

因此，为了简单起见，在没有必要说明这三者中哪一个对行动负责或在多大程度上分担责任时，经常使用"联邦储备局"一词。联邦公开市场委员会由理事会的七个成员和联邦储备银行的五个代表组成。

该委员会指导联邦储备银行的公开市场业务，即在公开市场上购买和出售美国政府证券和其他债券。这些业务的目的是保持足够的银行信贷基础，以满足国家企业的需求。

联邦咨询委员会由12名成员组成，每个联邦储备银行每年通过其董事会选出一名成员。理事会每年至少在华盛顿举行四次会议。

它与理事会就一般商业条件进行磋商，并就联邦储备系

统的事务提出建议。其建议纯属咨询性质。

请注意，我们在众议院和参议院选出的代表对这些不露面的人对我们的经济所做的事情没有任何影响或控制。

它是公**开市场**委员会，它比任何其他部门都更能管理这个国家。这是一个精心打造的门面，其背后是一个经营公开市场账户的人，因此能够知道股市的涨跌，因为他策划了股市。

正如赖特-**帕特曼**议员曾经说过的那样。

> *公**开市**场委员会主席在股市发生之前就知道每一次下跌和上涨，他可以给别人提供如何在一夜之间赚取数百万美元的建议；当然，他也确实给他的朋友提供了建议。*

> *我们应该结束这种情况：少数人推高利息，推低债券，操纵我们国家的货币体系，使投机者比为生活而工作的诚实人更富有，生活得更好。因此，这就是公开市场委员会的真正职能，暴露在大家面前。*

我还想引用托马斯-A-爱迪生先生的话，内容如下。

> *那些不愿意为项目（我说的是Muscle Shoals 大坝）翻一铲土，也不愿意贡献一磅材料的人，会比提供所有材料和做所有工作的人从美国领取更多钱。这就是利息的可怕之处。*

> *但这里有一条底线：如果国家可以发行美元债券，它也可以发行美元票据。使债券有效的因素使票据同样有效。*

> *债券和纸币的区别在于，债券允许货币商收取两倍于债券的金额和额外的20%，而货币的价值，即宪法中规定的诚实的贡品，购买力不断下降。*

> *说我们的国家可以发行债券而不能发行货币是荒谬的。**两者都是付款的承诺**，但一个使高利贷者发财，另一个**帮助人民。如果人民**发行的钱没有用，那么债券也就没有用了。当政府为了确保国家财富，必须举债，并在控*

*制黄金虚**构价值**的人手中接受破坏性的利息时，这是一**种可怕的情况。利息是撒旦的**发明。*

当然，我们都知道《圣经》、《古兰经》和其他书籍绝对反对利益观，但我们已经偏离了所有这些东西，这就是我们如何陷入今天的困境的原因。我们现在剩下的是一个国家的外壳，**如果没有**联邦储备局的骗局，它将是世界上最强大的国家，超乎想象，为所有人提供自由和正义。我们是奴隶，除非我们愿意从现在开始，夜以继日地把它作为我们的事业，迫使国会结束联邦储备银行系统，结束我们的奴役。谁真正拥有联邦储备银行？由于他们是公司，要获得股东名单应该相对容易，但据我所知，还没有人能够获得这一信息。

这种持续的欺诈行为是如何实施的？政府的权力，加上计算机技术的进步，大大简化了管理国家--以及延伸到国际--资金流动的任务。在政治上，美国在二战中的胜利使整个西方国家及其附属国被纳入1944年布雷顿森林会议上谈判的国际货币基金组织（IMF）。45年后，1989年苏联的解体意味着，历史上第一次在国际舞台上没有其他货币或政治选择。大英帝国之所以向美国人投降，正是因为美国提供了**一种替代英**镑的货币，即美元。

美国主持着一个或多或少完全封闭的以美元为中心的全球货币体系。在实践中，这意味着系统中的国家必须以制成品和商品的形式与美国**卡特**尔交换真正的价值，以换取一**种不是真正的美元的**货币，而是被错误地称为美元的美联储纸币，它只不过是一个凭空创造的簿记条目。这就像一个没有资产的公司用无价值的股票换取现金，这不是偶然的。这是19世纪J.P.摩根家族赖以成功资助美国工业和金融业整合的一种受人青睐的技术。今天，他们的继承人正忙于做同样的事情，但在全球范围内。

快速的技术进步消除了银行部门创造性管理的可能性。其计算能力使迭代计算的成本或多或少为零。这使得该行业产生了一个新的部门--

衍生品，它只不过是将股票和债券等金融工具分解为其组成部分。由于美联储和国会的充分合作，银行的权力增加了**两倍**，这使得银行不仅可以自我监管其投资组合和衍生品活动，而且还可以通过规则迫使其他银行使用衍生品来"控制
"风险。在实践中，这意味着银行最有利可图的活动已被移至资产负债表之外，在其活动中形成了高度的保密性。这也给最大的银行带来了相当大的优势，其他银行必须向它们寻求衍生品。这在一定程度上助长了银行业的狂热整合，并通过实施《巴塞尔货币与银行协议》在国际上取得了巨大的成功，该协议迫使其他国家的金融机构进行合作，这在实践中主要意味着服从或失败。

银行的策略已经被工业界复制和完善。一个最好的例子是安然公司的案例，该公司最初是一家从事石油和天然气生产和运输的工业公司，但它将自己转变为一个具有巨大的表外衍生品交易业务的高杠杆金融运作。它通过收买立法者和贿赂审计师这种久经考验的方法，使自己摆脱了监管监督。这使它有能力几乎随意调整其收益，只需改变构成其不受监管的衍生品组合的期权、掉期和期货合约中嵌入的未来利率假设。

安然公司也是公共部门和私营部门之间的区别日益模糊的一个典范。它雇用了**多达**20名中情局特工。

其高级管理人员之一托马斯-
怀特在加入安然公司之前是一名陆军将军，然后离开安然公司加入军事参谋部。安然公司的高管们与副总统理查德-切尼的能源工作组有着密切的联系。很难避免这样的结论：安然公司只是代表**卡特尔**为   "国家安全
"利益而进行的洗钱活动。美国已经开始了一场代价高昂的全球军事冒险，其结果还远未确定。

这是五十多年来几乎持续不断的公开和秘密战争的高潮。它得到了历史上最复杂的融资机制的支持，能够调动各种**公开和秘密活**动产生的现金。其代价是美国经济本身逐渐

空洞化，公民自由和法治逐渐受到侵蚀。黑色预算不是原因，而是手段。

第十四章

自由贸易的阴谋

美国曾经是一个超级大国，直到它被 "新世界经济"综合症所困扰，它已经失去了很多生产能力，以至于它几乎不能**每两年建造一艘潜艇，每五年建造一艘航空母**舰。那么**我们**怎么能称自己为 "世界上唯一的超级大国"**呢？***美国造船杂志*在1998年指出，在未来五年内，更多的船舶部件和系统的制造将迁移到中国，事实证明这一点非常准**确**。

"没有理由担心，"自由市场经济学家的专家说。"造船业只是美国纳米技术经济中的一种古老的制造活动，没有它，美国的纳米技术经济会更好。"不幸的是，据《*制造与技术新闻*》（2006年7月8日）报道，如此多的制造能力已经消失，美国的纳米技术能力在很大程度上局限于试验规模、小批量的制造，甚至这也在以惊人的速度消失着。

我们将不得不要求中国或俄罗斯为我们制造战争工具的日子已经不远了。Lux Research公司的Matthew Nordan在**众**议院科学研究小组委员会上作证时说，所有美国的纳米技术想法都可能"在其他海岸的制造厂里实现"。Nordan说，在纳米技术材料的某些领域，"制造列车已经离站。

美国甚至可能在产生纳米技术的想法方面落后。2006年，中国在纳米技术研究方面处于世界领先地位，其产出为14％。甚至韩国和台湾在纳米技术研发方面的人均支出也超过了美国。美国曾经是世界上最大的机床制造商，现在排名17，落后于小瑞士。纳米商业联盟的执行董事肖恩-

默多克在国会小组委员会面前作证时说，美国不能仅靠思想而生存。

> "知识产权是好的......但如果**你看一下与**产品相关的总价值，大部分的价值往往是给那些最接近客户的人--那些真正制造产品的人。"

当威尔逊进入白宫时，常识就被抛到了脑后。威尔逊做的第一件事是召集**众**议院和参议院的联席会议，他在会上批评和质疑为中产阶级提供单一市场的关税保护。

与知识产权对制造过程的重要性一样，制造并将新原理转化为可以交易的有形商品的能力才是关键。如果没有能力将一个想法转化为基于该新想法的制成品，就会失去获得大部分经济利益的机会，而在这种僵化的情况下，思考新想法的能力（创造能力）最终会枯竭。如果没有制造技能和知识，就很难认识到有前途的纳米技术创新。换句话说，如果**你**给一个史前人类一个关于如何制造狩猎用枪的计**划，也不会改**变他的处境。

在过去的二十年里，我一直指出美国中产阶级的侵蚀，自从亚当-
斯密试图将英国商品卖给殖民者的单行道以来，自由贸易就是在这些条件下孕育的。以获得的知识为基础的生产功能，已经流向过去被称为   "不发达国家"的地方，如中国。所谓缺乏比较优势发挥作用所必需的独特性，以及资本和技术的国际流动性，使这些生产要素能够在国外寻求技术熟练、纪律严明和成本低廉的劳动力的绝对优势。事实上，正如我多次说过的，自由贸易是一个谎言，从东印度公司的亚当-
斯密试图把它强加给新的美国殖民地的那天起，它就是一个谎言。自由贸易破坏了使美国伟大的独特的中产阶级；中产阶级是一个迅速消失的概念。

因此，一旦美国贸易壁垒被取消，高速互联网被引入，第一世界的生活水平就不再受到资本和技术的独特积累的保护。这种条件的变化使美国公司可以利用大量过剩的外国劳动力,如今天存在于印度和中国的劳动力,以较低的成本取代高薪的美国雇员。劳动力成本的差异是普遍存在的。任何说这种差异无关紧要的人都不了解事实。一个美国家庭能否像远东和印度的许多家庭那样,每月靠200美元生活?

然而,正如我在1972年指出的那样,在印度、中国和菲律宾成为美国公司的备选方案之前30多年,美国由于税收原因也处于严重的劣势。由于税收原因,美国的劳动力成本很高。

美国生产者委员会联盟最近向总统的联邦税收改革咨询小组提出了这个问题。美国的所有主要贸易伙伴,包括所有其他经合组织国家和中国,都依靠边境调整税,减少对其出口到美国的税收,同时对从美国进口的美国产品征税。

美国的税收制度强化了这种歧视,它对在美国销售的外国商品和服务没有明显的税收负担,但对美国的商品和服务生产者却施加了沉重的税收负担,无论是在美国销售还是出口到其他国家。

解决办法是放弃所得税,代之以增值税或销售税,甚至是**关税或可扣除的出口税。但是,美国政府中的新世界秩序**倡导者正在竭尽全力将美国人的生活水平降低到一个更低的水平,这是不可能被允许的。

开国元勋们把美国的收入建立在关税的基础上。关税还有助于美国发展其工业,保护其产品免受更便宜的外国生产商的竞争。乔治-华盛顿宣布,应维持关税以保护"美国制造业"。但后来国际社会主义的威尔逊总统来了,他的第一个行动是召集众议院和参议院的联席会议,并公布了他的目标,即摧毁在他灾难性地入主白宫之前一直运作得如此出色的**关税制度**。

威尔逊总统任期内令人难以忍受的苦果至今仍在活跃。一个例子是3-

4月的宠物食品危机，当它蔓延到人类时，导致了一场严重的危机。2007年4月29日的《芝加哥论坛报》以长篇报道的形式报道了这场危机。

> "加州当局透露，污染已经进入食物链。大约45名州居民吃了从中国进口的含有三聚氰胺的饲料的猪的肉。三聚氰胺被用来制造塑料，但它也人为地增加了食品中使用的谷**氨酸的蛋白**质含量--
> 因此也增加了价格。这对一些宠物来说已经是致命的了.
> .....**57种品牌的猫粮和83种品牌的狗粮被召回。此外**，6000头猪不得不被销毁，因为它们吃了被污染的饲料。三聚氰胺对人类的影响被认为是最小的，但没有人真正知道。劣质麦麸的进口商、拉斯维加斯的Chem-Nutra公司声称，其中国制造商在麦麸中非法添加了三聚氰胺，以提高可测量的蛋白质含量，从而提高货物的价格。"

当然，那些认为食品和药物管理局（FDA）会承担这种发展的人是非常错误的。但在一份声明中，FDA[9]说，该机构的食品安全中心的　　　　　　　　"食品安全资金"已从2003年的4800万美元下降到2006年的约3000万美元。

该中心的全职雇员从2003年的950人**减少到**2006年的820人。即使在受污染的小麦面筋的案例不断增加的时候，美国食品和药物管理局已经了解到另一个问题：中国大米蛋白。初**步**报告显示，这些玩具含有含铅涂料，这导致了大规模的召回。

开国元勋的关税制度被威尔逊和他的社会主义顾问，特别是费边社的成员（今天新布尔什维克的祖先，也被称为'新保守派'的矛盾术语）推翻了，他们错误地声称关税对穷人的打击很大，而对富有的制造商有利。

所得税被认为是更公平地分配税收负担，是实现收入分配

---

[9] 食品和药品管理局。

更平等的途径。威尔逊和他的控制者并没有告诉国会这是一个马克思主义的学说；接下来是一场长期的政治意识形态斗争，推翻了关税制度，将美国独特的中产阶级送入农奴制。

今天，收入的分配比以往任何时候都更加不平等。如果你，亲爱的读者，认为你不是农奴，看看如果你把你的劳动产品作为你的财产并拒绝支付财产税会发生什么。在你跳下悬崖之前，请确保你与一家好的搬家公司签订了合同，有**另一个住**处和一个降落伞。现在需要的是立即恢复关税制度以增加收入，而且越快越好。主权国家的人民中是否有 "勇敢的心"？

我们所看到的联邦储备银行的建立是巩固了300人委员会对美国的控制。它遵循美国的外交政策，美国在二十世纪所进行的战争（包括1898年的美西战争和目前的所谓反恐战争）成功地扩大了卡特尔对世界经济的控制。如果没有美国中央银行的成功建立，就不可能发动1912年以后的战争。

富兰克林-D-
罗斯福告诉他的政治伙伴们，他希望自己的遗产是结束大萧条的穷人的冠军。罗斯福把创建社会保障体系的功劳归功于他，他把它当作人民的收获。但他没有告诉大多数美国人如何为其提供资金，即通过对其受益人征收高度累退税。

ESF的建立与1914年美联储的建立遵循同样的逻辑。后者，即美联储，也是为了应对一场危机而创建的：1907年的崩溃。华尔街传奇人物将J.P.摩根的天才和爱国主义归功于拯救国家。在现实中，崩盘和随之而来的萧条使摩根得以摧毁他的竞争对手，收购他们的资产，并在此过程中向全国和全世界**揭示了**银行和摩根的强大。并非所有人都心存感激，一些人要求采取立法行动，将联邦信贷和国家货币体系置于公共监督和控制之下。

在一场高超的政治骗术运动中，美联储于1912年通过国会法案成立，就是为了做这个。但是，通过建立一个由银行拥有的私人公司，国会实际上把比以前更强大的地位让给了银行。

即使在今天，人们也没有很好地理解，美联储是一个私人企业，由它名义上监管的利益集团拥有。因此，对联邦信贷和美国货币体系的控制，以及这种控制所带来的丰富的内幕信息流，是隐藏在公众视野之外的，是秘密控制的，这反而解释了联邦总统的谵妄性质。

毒品交易。身体奴役

想到毒品贩运和股市之间的积极联系似乎很奇怪，但考虑到这一点：在20世纪90年代末，美国司法部估计，这种贸易进入美国银行系统的收入每年价值5000亿至1万亿美元，或超过GDP的5％至10％。

现在，犯罪所得必须进入合法渠道，否则对其持有者来说就毫无价值。然而，对毒品贩运在销售点对社区和经济的**影响的研究却很少。考**虑到对房地产市场和金融服务的影**响。房地**产是一个有吸引力的部门，可以利用来自毒品销售的多余现金，因为作为一个行业，它在洗钱方面完全不受监管。由于现金是一种可接受的，而且在某些地方是人们熟悉的支付方式，大笔资金可以很容易地被处理掉，而不会有太多的评论。这可能并确实导致了当地需求的严重**扭曲，反**过来又助长了房地产投机和为其融资的信贷需求的增加，以及投机和欺诈的大量机会。

政府的力量，加上信息技术的进步，在过去的三十年里，已经有可能简化对国家资金流动的管理，并延伸到国际资金流动。

在政治上，美国在二战中的胜利意味着整个西方国家及其附属国被1944年在布雷顿森林谈判的国际货币基金组织（I

MF）所收编。45年后，1989年苏联的解体意味着，历史上第一次在国际舞台上没有其他货币或政治选择。大英帝国之所以向美国人投降，正是因为美国提供了一种替代英镑的货币，即美元。

今天，美国主持着一个或多或少完全封闭的基于美元的全球货币体系。在实践中，这意味着系统内的国家必须以石油和天然气等自然资源、制成品和商品的形式与美国卡特尔交换实际价值，以换取美元，而美元只不过是凭空产生的簿记条目。这就好比一个没有资产的公司用稀释的股票换取现金，这不是偶然的。这是十九世纪J.P.摩根王朝所青睐的技术，，设法为美国工业和金融的整合提供资金。

今天，他们的继承人正忙于做同样的事情，但在全球范围内。而且这一切都发生在公开场合，超越了阴谋的阶段。由于其独特的金融控制，美国能够开展代价高昂的全球军事冒险，其结果远非确定。

这标志着五十多年来持续的公开和隐蔽的战争达到了顶峰。它得到了历史上最复杂的金融机器的支持，能够调动各**种公开和秘密活**动产生的流动资金。其代价是美国经济本身逐渐空洞化，公民自由和法治逐渐受到侵蚀。这也将是这个共和国的结束。

第十五章

达到目的的手段

谁是为强大的、无所不能的300人委员会服务的计划者和策**划者？最知情的公民知道存在一个阴谋，它有很多名字。**没有被普遍认识到的是，组织严密的300人委员会现在已经进入了军情六处特工H.G.　　　Wells所说的　　　"公开阴谋"阶段。可以说，这个阴谋已经达到了它的目的。世界现在正处于下一个阶段，我称之为 ***"超越阴谋"。***

下一**步可以实施**，因为美国人民正处于深深的震惊之中，并且被远程渗透和国内条件控制得很好，他们现在接受了他们在十年前才会接受的东西。因此，阴谋家们觉得他们可以走到外面去了。他们不再需要隐藏。民众已经被洗脑和调教，整个阴谋几乎不被认为是 "阴谋"。

今天，在2007年，这确实是一个公开的阴谋，像美国总统这样重要的人公开宣布新的世界秩序的到来，他期待着这个世界秩序的到来。

这个世界新秩序是一项正在进行的工作；是国际共产主义的修订形式，是一个残酷和野蛮的独裁政权，将使世界陷入新的黑暗时代。我于1982年在美国首次宣布的达维尼翁计划现在已经全面展开；美国向现代版封建社会的转换已经进行了一半左右。

我们的钢铁行业已经死亡；我们的机床行业也已经死亡。我们的制造实体--
鞋类制造商、服装制造商、轻工业设备制造商、电子工业--
已经出口到国外。美国的家庭农场被阿彻-丹尼尔斯-

米德兰（Archer Daniels Midland）、雀巢（Nestlé）和邦吉（Bunge）公司等 "300强"手中的食品控制者所夺走。现在，如果有需要，美国人民可以很容易地被饿死，使其屈服。这场建立极权主义国家、在一个世界政府内建立新世界秩序的运动的领导者，正迅速成为美利坚合众国，当300人委员会任命伍德罗-威尔逊入主白宫时，它首次承担了这个角色。

2005年11月，美国遭遇了其历史上最大规模的贸易失衡。多达85%的曾经在美国制造的物品现在在外国制造并进口到美国。最新的统计数据显示，福特汽车公司将削减3万个工作岗位，通用汽车公司也是如此。这些工作正在流失。这些不是临时性的裁员，而是将消失且永远不会再出现的工作。美国人民已经被调教得很好，以至于他们中的大多数人无法看到，制造业工作岗位的创纪录流失与英国东印度公司在18世纪所宣传的 "自由贸易 "神话有直接关系。

我引用基督教圣经中先知何西阿的深刻论述。

>*"我的人民因缺乏知识而灭亡"*。(这个词实际上是"信息"）。

很多人已经读过我关于外援丑闻的介绍，我在其中点出了几个阴谋组织，其中有很多，我认为这个主题可以从本书中排除。

他们的最终目标是推翻美国宪法，将这个被上帝选为HIS的国家与一个不敬神的新世界秩序--一个世界政府合并，这将使世界回到比黑暗时代更糟糕的封建状况中。

让我们谈谈具体案例，谈谈意大利社区化和非工业化的尝试。300人委员会很久以前就宣布，将有一个更小的--小得多的--更好的世界，也就是他们认为的更好的世界。伯特兰-罗素所称的无数消耗有限自然资源的 "无用的食客"正在被淘汰。工业进步支持人口增长。因此，必须通过破坏工业就业市场这一唯一稳定的长期就业来源，来颠覆《创世纪》中关于繁殖和征服地球的诫命。这需要对基督教进行正面攻击，使工业国的国家缓慢但肯定地解体，消灭被300人委员会指定为 "剩余人口"的数亿人，并消灭任何敢于反对委员会实现上述目标的全球规划的领导人。

委员会的首批目标中有三个是阿根廷、意大利和巴基斯坦。其他许多民族国家也将被消灭，包括南非、巴勒斯坦、塞尔维亚和伊拉克。必须劝阻民族国家，并加速其解体，特别是如果它们有成为工业化国家的野心。

为了了解新世界秩序阴谋的规模和普遍性，现在应该说明300人委员会为征服和控制世界所设定的目标。一旦理解了这一点，人们就可以看到一个中央阴谋机构是如何能够成功**运作的**，以及为什么地球上没有任何力量能够抵制他们对基于个人自由的文明世界的基础的攻击，特别是美国宪法所宣布的。

 ➢ 300人委员会是如何产生的？

 ➢ 其巨大的财富和权力的来源是什么？

 ➢ 委员会如何维持其对世界的控制，特别是对美国和英国的控制？

 ➢ 最常被问到的一个问题是："一个单一的实体如何能在任何时候知道正在发生的事情，如何进行控制？"

300人委员会高级成员奥雷利奥-佩切伊（Aurellio Peccei）的以下声明让我们了解了 "300人 "的来历。

> *自从基督教世界的第一个千年临近以来，大量的人真正处于悬念之中，因为一些未知的东西即将到来，可能完全改变他们的集体命运......人类不知道如何成为一个真正的现代人。人类发明了恶龙的故事，但如果有恶龙的话，那就是人类自己......这里我们有人类的悖论：人类被自己非凡的能力和成就所困，就像陷入流沙一样。他*

越是使用他的权力，就越是需要它。

*我们必须不厌其烦地重复，把目前整个人类系统的深刻病态和不适应等同于一些周期性的危机或过往情况是多么**愚蠢**。*

自从人类打开了新技术的潘多拉魔盒，就遭受了人类无节制的扩散、增长狂热、能源危机、实际或潜在的资源短缺和环境退化、核疯狂以及一系列相关的困扰。

新来的人认为   "新世界秩序"一词是在1991年海湾战争后发展起来的，而一个世界政府的想法则被认为是有几个世纪的历史。事实上，它起源于伊丽莎白一世女王在1600年特许成立的东印度公司（BEIC），是一家股**份公司**。1661年，查理二世（斯图亚特国王）对该公司给予了皇家同意，该公司除其他事项外，还授予了与各国进行战争和和平的权利。

这使得BEIC能够完全控制印度，包括印度王子在贝拿勒斯和恒河流域进行的利润丰厚的鸦片贸易。到1830年，整个印度都在后来的英国东印度公司（BEIC）的控制之下。这就是新世界秩序的**种子所在**。

新世界秩序并不新鲜；它以这样或那样的形式存在和发展了很长时间。它的   "父亲"是伦敦梅塞尔公司，它的祖父是伦敦订书机公司，可以追溯到德国和比利时的汉萨同盟，到印度。在这种背景下，出现了东印度公司，该公司的一些董事会成员是再洗礼派共产主义者，其中许多人移民到了英国。

在殖民时期，一些著名的再洗礼派从英国移民到美国。所有这些不同的派别和邪教都拥护一个共同的目标，即建立一个独裁的新世界秩序。但即使在今天，在2007年，它也被看作是未来的发展，其实不然；新世界秩序是过去和现在。委员会各机构的所有未来计划都是基于摆脱25亿"无用的吃货   "的需要，借用   "300人"的主要发言人之一伯特兰-

罗素勋爵的说法。自然资源将在全球规划的支持下进行分配。民族国家要么接受罗马俱乐部的主导地位,要么在丛林法则下生存。

秘密精英阴谋家的目标是什么?这个精英团体也自称为*奥林匹亚人*,因为他们真正相信自己在力量和地位上与奥林匹亚山的传奇之神相当。就像他们的神路西法一样,他们把自己置于真正的神之上,认为自己有神圣的权利负责实施以下内容。

➢ 建立一个世界政府--新世界秩序--
在他们的领导下建立一个统一的教会和货币体系,所有国家的**身份和国家的**边界,并使基督教毁灭。

➢ 建立通过精神控制手段控制每个人的能力,并在他们所谓的 "后工业零增长社会"中结束所有工业化和核能发电。

➢ 计算机和服务行业将被豁免。剩余的美国工业将被出口到墨西哥和远东等国家,那里有大量的奴隶劳工。正如我们在1993年看到的那样,随着《北美自由贸易协定》(称为NAFTA)的通过,这成为一个事实。自由贸易将成为未来的规范。

➢ 压制所有科学发展,除了委员会认为有益的发展。用于和平目的的核能尤其成为目标。

➢ 世界经济的崩溃和完全政治混乱的建立。控制美国所有的外交和国内政策,全力支持联合国、国际货币基金组织、国际清算银行和世界法院等超国家机**构,以取代和破坏美国**宪法,然后再彻底废除宪法。

➢ **渗透和**颠覆所有政府,并在这些政府内部开展工作,在传播 "民主"的幌子下,破坏它们所代表的国家的主权完整,作为打击恐怖主义的堡垒。

> 组织一个全球性的恐怖机构，在恐怖活动发生的地方与合法政府谈判，让他们投降，允许美国在这些国家建立永久性的军事基地。

> 控制美国的教育，意图和目的是通过课程和教学方法的   "渐进式变革"彻底摧毁教育。到1993年，这一政策的力量和效果逐渐显现，当中小学开始教授   "基于结果的教育"（OBE）时，其破坏性将更大。

在学校里，普通美国人顶多知道美国有250年的历史，但只是在最微弱的意义上，而且没有细节。他对宪法的了解微乎其微。他完全没有意识到，看似不相关的历史事件和"意外"其实是密切相关的，是由一种隐藏的力量所酝酿和带来的；法国大革命是由**两个共**济会组织煽动的；拿破仑的崛起和拿破仑战争是由罗斯柴尔德家族控制的；残酷野蛮的第一次世界大战的"意外"，是布尔什维克革命和共产主义崛起的精心策划。这与他在学校所学的历史毫无关系，这些都是不相关的事件。他被教导说，世界历史上的大事件，包括美国的大事件，都是凭空出现的，像魔术一样突然出现。没有一次他被教导说，这些震惊世界的事件是以非常精确的方式创造和引导的，并被操纵来实现预先设定的目标。大阴谋从未向他透露过，如果提到它，也会被嘲笑为疯子的想法。

受控教育不允许进行这种研究。这是一个禁忌。他对合同法的性质一无所知。特别是被称为   "条约"的政治契约，他被告知，这些契约"是国家的法律"。很少有律师了解情况并非如此，因此我们美国人认为，事件只是从真空中发生。

如果他有幸进入大英博物馆这个伟大的知识宝库，并花两年时间阅读，打算研究英国和美国的大报纸，《*纽约时报*》、《*伦敦时报*》、1890年代末以来的《*电讯报*》，以及1900年代的《*Punch*》和《*纽约客*》杂志的过刊，他将会沮丧地发现自己面对的政治形式与2005年的《纽约时报》、《华盛顿邮报》和《伦敦时报》几乎完全相同。

他更会震惊地发现，他读到的是他刚刚在后面几期中读到的那些陈词滥调，而且这些陈词滥调在设计和背景上非常相似，因为它们宣扬的是共产主义、世界新秩序和一个世界政府的信息。

语言有些不同，人物也随着时间的推移而改变，但宣传的内容和方向是一样的。如果他闭上眼睛，反思一下手中的1910年报纸，就会发现它与2007年的新闻惊人地相似，而且毫不含糊地相似。他将被迫得出不可避免的结论：其意图和目的是首先建立社会主义，然后是共产主义，作为新世界秩序的体系。要有这种明确无误的一致性，就必须高度肯定某些高层人士及其实体必须控制世界事件和他自己国家--

美利坚合众国的事件。进一步深入研究英国的殖民历史，他甚至可能会遇到英国东印度公司的名字，它是一个能够组织一系列令人吃惊的重大政治事件的精英权力集团。

在美国建立社会主义，目的是使州宪法和联邦宪法失效

英国东印度公司管理的惊人事件之一是将社会主义确立为**一种政治制度**。东印度公司的产物之一是伦敦的费边（社会主义）协会。它的领导人，比阿特丽斯和悉尼-韦伯、安妮-贝桑特、G.D.H.科尔、拉姆齐-麦克唐纳、伯特兰-罗素和H.G.威尔斯、托马斯-戴维森和亨利-乔治（其母亲属于费城美国自由派机构的普拉特家族），他们的地位都归功于"公司"。普拉特家族与东印度公司与印度的 "贸易"密切相**关，并在洛克菲勒**标准石油帝国中拥有大量利益。

比阿特丽斯和悉尼-

韦伯后来在1895年创建了伦敦经济学院，英国和美国政治、商业和政府中一些最重要的人物都通过该学院。知名校友包括大卫-洛克菲勒（David Rockefeller），他是全国共和党俱乐部的前主席、洛克菲勒标准石油公司的主席和臭名昭著的太平洋关系研究所（IPR）的主要资助者，该研究所是英国东印度公司的衍生公司--属于资助1941年12月7日日本袭击珍珠港的300人委员会。他也是乔治-赫伯特-沃克-布什和约翰-肯尼迪的导师。

该公司的主导合伙人比阿特丽斯-韦伯很有意思。她是理查德-波特的三个女儿之一，理查德-波特是一个深陷于神秘主义的富有的铁路大亨，当她遇到西德尼-韦伯时，她住在她父亲的家里。她的妹妹特蕾莎嫁给了拉姆斯-麦克唐纳工党政府的阿尔弗雷德-克里普斯爵士，第三个妹妹乔治娜嫁给了隶属于东印度公司的银行家丹尼尔-迈纳特扎根。

理查德-波特深受神秘学理论和实践的影响，据说他是儿童巫术小说《哈利·波特》的核心人物，这部小说最近"横空出世"，获得了巨大的成功，但我们现在知道，它是理查德-波特的故事之一，由塔维斯托克研究所重新创作，然后交给了乔安妮-K。罗琳要"写"。

我在1991年首次列出的许多目标，后来已经实现或正在实现中。300人委员会的方案中特别令人感兴趣的是其经济政策的核心，该政策主要基于马尔萨斯的学说，马尔萨斯是英国牧师的儿子，他被英国东印度公司（BEIC）推上了风口浪尖，300人委员会就是以该公司为蓝本）。

世界新秩序的起源：东印度公司及其继承者--英国东印度公司。

东印度公司（EIC）成立于1606年，在都铎王朝最后一位君主伊丽莎白一世女王的最后几年。它的人被派往印度，与**莫卧儿人和王子、他**们的商人和银行家建立良好的关系，追随威尼斯人的黎凡特公司的脚**步，追求**贸易。她是权力精英的族长，一种由伦敦捡破烂的行会及其后代伦敦商行组成的   "王室"。这些   "王室"商业垄断行会扎根于威尼斯和热那亚的黑人贵族的旧银行家族中。

1661年，斯图亚特王朝的查理二世授予东印度公司一份意义深远的宪章，允许东印度公司发动战争，签订和平条约，并与印度的王室银行家和商贾精英结成联盟。

不能确定莫卧儿帝国是否因为东印度公司的活动而解体，但历史学家认为，东印度公司没有做任何事情来阻止帝国在1700年结束。EIC花了130年时间征服了几乎整个印度次大陆。在此期间，该公司经历了分裂，随后统一为联合东印度公司，然后是英国东印度公司（BEIC）。

东印度群岛从银行家那里学到的最重要的经验之一是部分储备银行的概念，因为它将在欧洲和美国得到实践。它于1625年被引入英国。印度人能够接触到印度银行业的秘密，并将该系统在印度几个世纪以来如何运作以及如何被巴比伦人复制的最完整细节送回伦敦。

伴随着强大公司的崛起，出现了   "300"家族，包括丘吉尔、罗素、蒙塔古、本瑟姆、托马斯-**帕皮隆和**贝德福德。在美国，正是德拉诺、梅隆、汉迪赛德-**帕金斯、拉塞**尔和科林-坎贝尔家族从欧洲共同体及其来自印度的鸦片贸易中获得了繁荣。

东印度公司最重要的成员之一是杰里米-本瑟姆，他是东印度公司的"造王者"。本瑟姆是法比安时代之前的*哲学激进派的*领袖，是第一个公**开支持一个世界政府的人。他的思想被表述**

为现在所谓的 "功利主义哲学"。

本瑟姆从1782年**开始管理英国**东印度公司。欧文前往美国，在瓦巴什河畔的新哈默尼创建社会主义。作为政治信条的 "社会主义 "一词显然是在1830年首次以这种方式使用。

罗伯特-欧文在美国政治的演变中发挥了重要作用。他们与弗朗西斯-赖特 （Francis Wright） 一起游历美国，宣扬自由恋爱、无神论、废除奴隶制（与 "秘密六人**帮**"合作），并在1829年于纽约成立了可能是第一个社会主义机**构**--工人党。读者必须明白，欧文的任务是为美国实现 "300 "计划。

> 建立社会主义作为共产主义的先导。

> 通过宣扬妇女的 "平等权利 "和造成家庭成员之间的分裂，破坏了家庭这个单位。

> 创建 "寄宿学校"，将儿童与父母长期分离。

> 让 "自由恋爱 "成为堕胎的公认准则，必要时 "摆脱不便之处"。

> 建立一个**运**动，推动种族合并为一个单一的世界人口。

> 秘密地建立路西法会。后来，阿诺德-汤因比教授在英国和美国都成为这个非常秘密的社团的负责人。

欧文不喜欢美国和州宪法，并与约翰-昆西-亚当的儿子查尔斯-弗朗西斯-亚当斯合作，创建了联邦州际商业委员会的前身。

1808年，詹姆斯-米尔认识了杰里米-边沁，两人成为亲密的朋友。1811年，他与罗伯特-

欧文建立了联系。1819年，米尔斯被接纳为东印度公司的秘书处成员。

这一任命的意义不应忽视。即使在那时，英国东印度公司几乎控制了整个印度次大陆，并在中国高度有利可图的鸦片贸易中发挥了主导作用，使用的鸦片来自恒河流域和贝拿勒斯肥沃的田地上**种植的**罂粟。即使按照今天的标准，利润也是惊人的，而产品的成本却可以忽略不计。

后来，米尔斯被提拔为秘书处负责人，从而发现自己处于一个巨大的帝国之首，包括政治、司法和金融，有大量的资金需要管理。他负责
*"董事会议"，即*制定当时影响整个世界的政策的主要人员，包括美国和俄罗斯。他的经济理论得到了许多人的青睐，最引人注目的是大卫-
李嘉图，他提出的*地租理论*成为标准的马克思主义学说。
他的儿子约翰-斯图亚特-
米尔接替他成为秘书处的负责人，在英国政府接管该公司的政治事务之前，他一直担任这个有权力和影响力的职位，该公司正式成为英国东印度公司（BEIC）。

1859年，BEIC遵循约翰-斯图亚特-米尔（John Stuart Mill）的政策**达到了其巨大**权力的顶峰，即为了实现持久的稳定，需要在最聪明的人手中掌握绝对权力。权力和智慧是一致的，这是东印度公司的学说--
也是哲学激进主义者的学说。

从1859年起，英属东印度控制了英国政府，对世界事务产生了巨大影响。**美国是其一直关注的**问题，因为美国的规模和多样性使其难以控制。事实上，可以看出，北京国际会议中心已经控制了该国生活的所有方面。虽然哲学激进派能够实现东印度公司的大部分议程，但美国提出了更复杂的挑战，主要是因为州和联邦宪法。

正如我经常说的那样，我们被误导，认为我所说的问题始于莫斯科，而实际上它始于激进的左派，始于胡斯派和再

洗礼派，他们的许多领导人移民到了美国。美国人已经被洗脑，认为共产主义是我们面临的最大危险。情况根本不是这样。最大的危险来自于我们中间的大批叛徒。我们的宪法告诫我们要小心我们边界内的敌人。

这些敌人是300人委员会的仆人，他们在我们的政府结构中担任高级职务。正是在美国，我们必须开始我们的斗争，以**扭**转有可能吞噬我们的潮流，我们必须在我们的国门内迎接并击败这些叛徒。但这是一项艰难的任务。一个世界政府和世界新秩序的拥护者已经把美国人民贬低为受文字制约的人民。美国人民已经成为一个被调教和灌输的国家，与他们的祖先不同，他们已经准备并愿意接受 "权威"。

我们已经看到新布尔什维克分子的崛起，他们被嵌入到共和党这个所谓的保守党中。但在乔治-W-布什总统的领导下，由 "300人"选定的候选人，我们看到美国变成了一个好战的大国，试图将 "300人"的意志强加于世界。罗马俱乐部在萨尔瓦多制造了25年的战争，作为美国国务院埃利奥特-艾布拉姆斯制定的更大计划的一部分。

如果我们美国有政治家而不是政客来管理国家，事情就会非常不同。相反，我们有像伯纳德-莱文（Bernard Levin）这样的塔维斯托克（Tavistock）代理人在写塔维斯托克（Tavistock）心理调节论文，这些论文在罗马俱乐部的出版物中被当作哲学来出售，内容是如何击垮国家和个人领导人的士气。

以下是莱文的一篇文章的摘录。

> *通过恐怖策略打破士气的主要技巧之一正是这种战术：让对方不知道自己的处境和可以期待什么。*

> *此外，如果严厉的纪律措施和良好待遇的承诺之间经常摇摆不定，以及传播相互矛盾的消息，使情况的结构不* **明确**，**个人可能不再知道某个**计划会导致他或她走向或

远离目标。在这种情况下，即使是有明确目标并愿意承担风险的人也会因为他们之间严重的内心冲突而陷入瘫痪。

这个罗马俱乐部的蓝图既适用于国家，也适用于个人，特别是这些国家的政府领导人。我们在美国不必想，"哦，这是美国，这些事情在这里不会发生。让我向你保证，它们**确**实发生在美国--也许比任何其他国家都多。

前总统理查德-
尼克松被迫下台的方式是典型的莱文方法。如果尼克松没有士气低落和迷失方向，如果他坚持不懈，他就不可能被弹劾。莱文和罗马俱乐部的计划是为了打击我们所有人的士气，所以最后我们认为我们必须遵循为我们规定的内容。我们将像绵羊一样听从罗马俱乐部的命令。任何突然出现的 "拯救"国家的表面上强大的领导人，都必须以最大的怀疑来看待。

随着美国在精神和道德上的破产，我们的工业基础被摧毁，使四千万人失业，我们的大城市成为各种可想而知的犯罪的可怕污水池，谋杀率几乎是任何其他国家的三倍，四百万人无家可归，政府腐败达到普遍的程度，谁会质疑美国已经准备好从内部崩溃，投入黑暗时代的新世界政府的怀抱？

还有什么比这更可怕或更危险的阴险的吗？

罗马俱乐部在美国的其他成员是国会研究服务处的沃尔特-A-哈恩、安-谢瑟姆和道格拉斯-
罗斯，他们都是高级经济学家。国会研究服务部的哈恩，安-谢瑟姆和道格拉斯-
罗斯，都是高级经济学家。用他自己的话说，罗斯的任务是
"将罗马俱乐部的观点转化为立法，以帮助国家摆脱富足的假象"。安-谢瑟姆是一个名为 "国会未来信息交流中心

"的组织的负责人。

罗马俱乐部不时地组织一些会议，由于这些会议以无害的标题出现，似乎对我国没有构成什么威胁。在这些会议上，成立了行动委员会，每个委员会都被赋予了具体的任务和必须完成任务的具体目标日期。北美自由贸易区和世界贸易协定就是这样两个项目。正如我在1981年所说，我们在政治上、社会上和经济上都被设定为继续锁定在罗马俱乐部的计划中。一切都被操纵，对美国人民不利。

如果我们要生存，我们必须首先打破委员会对我们政府的束缚。自卡尔文-柯立芝（Calvin Coolidge）竞选白宫以来的每一次选举中，委员会都能将其特工安排在政府的**关**键岗位上，因此谁能在白宫得到工作并不重要。

300人委员会存在的证据是我经常被要求提供的：著名的社会主义政治家和罗斯柴尔德家族的财务顾问沃尔特-拉特瑙（Walter Rathenau）--可以想象拉特瑙一定很有权势--在《维纳报》上写了一篇文章，该报于1921年12月24日刊登。

在*300*人委员会引用的文章中，拉特瑙做出了这个**惊人的**评论。

> 只有三百个人，***每个人都知道其他所有人的情况，掌管着欧洲的命运。*他**们从自己的圈子里选择自己的继任者。这些人手中掌握着结束他们认为不合理的国家形式的手段。**

整整六个月后，1922年6月24日，拉特瑙因其轻率行为被谋杀。一百年前，这不可能发生，但今天它已经发生了，而且很少有人评论。我们已经屈服于塔维斯托克对这个国家发动的长期渗透战争。就像被保诚保险轰炸计划打败的德意志民族一样，我们有足够多的人屈服了，使这个国家成为过去那种只有在他们梦中才会设想到的极权主义政权。"

他们会说，"这里有一个国家，是世界上最伟大的国家之一，却不想要真相。我们可以不需要所有的宣传机构。我们不必费力向这个国家隐瞒真相；它已经自愿拒绝了真相。这个国家是一个斥候。"

这在世界理事会和论坛上被公开宣布为旧时代的结束和一**种存在状**态的开始，这种状态是超越阴谋的。

这就是H.G.威尔斯所宣布的世界，他称之为*新共和国*。这个新共和国现在已经超越了阴谋，由美国特别挑选的300人委员会的控制者管理，我们对他们没有控制权。

第十六章

战争与纸币

战后为赎回5.5亿美元的绿钞而进行的斗争，以2.5亿美元的黄金出售，是故事的一部分，但超出了本调查的范围。因此，纸币成了战争的工具，暴政在美洲大陆重新获得了立足点。1776年的胜利被逆转了。

回到**帕特森和威廉王**，作为一个聪明的读者，你会提出问题。你可能会说，帕特森提供了流通部分安全的纸币的手段，但谁提供了打仗所需的真正货物？这是个好问题。答案是这样的：那些拒绝通过提高直接税来支付战争费用的人现在通过纸币的诡计提供了信贷和武器，允许威廉国王通过潜规则没收他们的财产，这同时也使他们的货币贬值。他的臣民没有收到真正的战争费用账单，这些费用对他们是隐瞒的，但他们还是支付了战争的费用。

这正是美国每次开战的情况。我们从来没有被告知战争的成本是多少，由于政府不敢冒造反的风险，战争的资金来源是间接税，也就是纸币，没有担保的纸币，在没有任何担保的情况下印刷得越来越多。英国人民也被剥夺了辩论这些问题的权利。这种情况今天仍在发生，特别是当宣传被引入时。在这种时候，当宣传占据主导地位时，理性的辩论被推到一边，情绪高涨。几乎每所美国学校和大学都在讲授，美国近年来两次参战是为了维护民主，也是因为美国的自由受到了德国的威胁。

从来没有人解释过，一个只有9500万人口的国家，人口有限，自然资源匮乏，如何能够希望实现其所谓的目标。

显然，没有足够的人愿意提出这个问题。美国已经成为皇家国际事务研究所和塔维斯托克研究所的智囊团巧妙宣传的受害者。

在第一次或第二次世界大战中，德国都不是侵略者。反对，像英国和捷克斯洛伐克之间的条约是为了确保战争的发生而制定的。

就美国而言，德国被指责的卢西塔尼亚号事件为战争提供了保障。而在第二次世界大战中，它是珍珠港。令人惊讶的是，**阴**谋家们可以通过如此公然的宣传而逃脱，但我们在越南看到了更糟**糕的情况。因此，也**许不难理解，美国是如何屈服于大规模的宣传，将国家拖入两次世界大战的。

我们已经看到同样的事情发生在朝鲜和越南；而且现在正在发生，就在我们眼前，在中美洲、巴尔干、非洲和中东，包括伊拉克。自内战以来，罗斯柴尔德的代理人，也是黑人贵族的代理人，一直在努力工作，试图在美国建立一个中央银行。他们无意让安德鲁-
杰克逊这样的爱国者挡住他们的路。对1905年之前的公**众**来说，这是一个模糊的问题，因为它不被理解，人们不明白，如果罗斯柴尔德的代理人得到他们的方式，这将深刻**地影响美国的每一个活生生的灵魂。**

1905年，J.P.摩根策**划了一次美国**经济的小萧条，这样人们就会要求通过建立中央银行来保护未来的萧条，摩根声称这是保护   "卑贱的人民"免受萧条的必要手段。J.P.摩根是几个欧洲国家的财政代理人，这一事实被伟大的路易斯-
T.麦克法登披露，然后引发了他在1907年计划的大萧条，并使人民恐慌地要求建立中央银行来保护他们。造成萧条的唯一目的是将不劳而获的财富从创造财富的人手中转移到不劳而获的寄生银行贵族手中。

奥尔德里奇法案最初被否决，因为公众认为奥尔德里奇在贝尔蒙特的口袋里太多了。但该法案的提案人坚持不懈，直至成功。随着新的联邦储备银行带来的自由的丧失，为纸币供应的爆炸性增长创造了条件，不是通过部分储备或正常的商业借贷；那太慢了，而是通过使美国能够加入战争的手段，这在1914年已经开始。尽管公众从未意识到银行家们在做什么，但一些国会议员意识到了，他们攻击了摩根和沃伯格。像国会议员LaFollette和Lundeen这样的人在他们的批评中包括洛克菲勒。

这在*国会记录*中，*第55卷*，第365-372页，1917年4月5日。

> *1917年，摩根推出了巨额贷款，他认为美国在两年内加入战争就能获得这些贷款（他的计算是正确的）。摩根身边有很多欧美贵族和封建家族的崇拜者。赫伯特-克劳利就是这样一个人，他是中世纪贵族的真正爱好者。摩根知道新闻界的力量，并利用它作为他的个人宣传机器，创造一种歇斯底里的反德气氛。根据Calloway MP的说法，摩根通过用无担保债券纸购买最具有影响力的报纸来控制它们。他为他们配备了他的12名雇员，他们对伤害美国而不是为美国服务更感兴趣。然后，这些有影响力的报纸就成了宣传工厂而已。理性的辩论逃之夭夭。歇斯底里取代了它；小型和平运动被淹没了。*

美国革命改变了这一切。它将人民的敌意引向正确的目标，即贵族，并打破了他们对这个国家的控制。不幸的是，同样的殖民者，或者我应该说是他们的后代，没有那么清楚地看到美联储背后的奴隶制；对他们来说，这是一个模糊的问题，所以在1776年赢得的东西在1913年被默认为失去。杰斐逊警告过的秘密贵族，随着1913年《联邦储备法》的通过，将其奴役的枷锁强加于美国人民。这个日期不是偶然的；它正好在他们的战时日程表的边缘，是在1914年宣布的。如果没有中央银行 "创造"的纸币，就不会有世界大战。

隐蔽的贵族通过剥削真正财富的生产者--人民，并通过各种手段将工人生产的财富转移给自己，从而实际上是作为人民的寄生虫而生活。这实际上几乎是黑暗时代公开贵族所采用的制度，当时封建领主把农民捆绑在土地上，这样他们就可以窃取他们的劳动成果，还可以用武力夺取他们的妻子，因为他们认为农民的生命是廉价和可剥削的，没有更多的财产。美国的贵族们也把人们的生活看得很廉价。我们数以百万计的人不是在两次世界大战中献出了自己的生命吗？唯一的区别是，我们的封建领主，马歇尔、哈里曼、梅隆、菲尔兹、普拉茨、斯蒂尔曼、奥尔德里奇、洛克菲勒、卡博特洛德、古根海姆、库恩-勒布、摩根、沃伯格等等，都是隐藏的贵族，而他们的欧洲同行是公**开的**贵族。这并不适用于苏联，在那里，管理国家的贵族实际上是隐藏的贵族，即使他们自称为政治局、共产党等。

公**开的**贵族制度是一个公开宣布的国家，而秘密的贵族制度则在地下运作，这就是今天2007年世界上大多数国家的管理方式。

真正的民主是不存在的，因为世界上大多数人，包括美国人，都不被允许保留他们的劳动成果。通过各种不民主的方法剥夺了他们的权利，然后转移到地下或公开的贵族阶层。

要成为一个贵族，需要巨大的财富，这必须要靠自己的努力，因为寄生虫从不工作。而事实证明，纸币是这个阶层的福音，因为它可以稳定地转移人民挣得的财富。当局势恶化时，就会制造战争来加速转移过程。因此，美国的贵族老爷们不顾自己造成的痛苦，在两次世界大战中送数百万美国人去送死，不仅是为了让自己发财，巩固自己的权力，也是为了摆脱他们认为过剩的人口。

如果当时的政府被迫采用大幅增加直接税的方式来支付战争费用，那么战争的热情就会立即得到遏制。但在美联储提供的机制下，没有必要告诉人们，他们正被带向灾难。从皇家国际事务研究所和塔维斯托克派来的训练有素的专家们对战争的热情得到了助推。面对这样的组织，民众没

有任何防御措施。任何国家领导人，如查尔斯-
林德伯格，如果看穿了整个肮脏的事情，就会立即被消灭
；他的胆量使他的幼子被绑架和死亡。

当战争的歇斯底里爆发时，人们失去了所有的理性。辩论
问题的能力在诱导的爱国主义的洪流中丧失了，问题是在
情感的基础上决定的，为了所谓的国家利益，自由和正义
的原则被放弃了。

爱国歌曲、挥舞国旗和武术音乐取代了谨慎的判断。如果
有可能在诱发战争的集体歇斯底里的时候引起民众的注意
，那么理论上我们可以敲响战争隐性成本的大鼓，撤掉纸
币的烟幕，并指出为了少数人的利益使我们的货币贬值的
权力正是属于那些鼓动战争的人。我们可以解释说，战争
的目的是为了让盘踞在绝对权力地位上的贵族们富裕起来
。我们甚至可以表明，战争不是为了国家的利益，银行家
并没有垄断爱国主义。

我们甚至可以解释纸币和战争之间的联系，银行家们从中
获得了巨大的利润。我们也许能够证明，通过将财富聚集
在他们手中，贵族们实际上是自由的敌人，而不是自由的
捍卫者，他们和共产党人一样坏，甚至更坏，因为他们为
自己聚集的财富从未被资本化，以产生更多的财富为国家
服务。我们当然可以从这个角度证明，人民被要求参战是
为了捍卫一个非基督的原则，即虚假的资本主义。我们共
和主义的正确原则是基督教资本主义，它与社会主义没有
任何共同之处。

我的信息与**每天晚上在**电视屏幕上充当   "新闻
"的嘶嘶声、咯咯声和尖叫声等可怕的**嘈**杂声完全不同。我
们人民不再拥有主权，因为我们允许我们在国会的代表在1
913年将我们的主权让给一群与我们共和国不和的不露面的
人；这些人将我们视为可牺牲的农夫。难怪何西阿说我们
因缺乏知识而灭亡。我们的人民在1913年不知道联邦储备
系统是什么，今天我们大多数人仍然不知道。

很明显，殖民者在1776年的胜利被大量的部分或完全没有担保的纸币的扩散所否定，这些纸币有三种类型。

➢ 银行家有权发行比他拥有的黄金或其他实际财富更多的纸来完全支持它。

➢ 其中中央银行在危机时将黄金借给小银行。

➢ 法定货币，它取消了黄金的衡量尺度（尺度使人们和国家保持诚实），并以法定货币纸取代，它没有任何支持，甚至没有真正货币的支付承诺。这不是钱，但政府说我们必须把它当作钱来接受，所以我们就接受了！"。如果我们停止接受纸币，在不征收大量新税的情况下，就不可能发动战争。

➢ 纸币的泛滥之所以发生，是因为它不是建立在像黄金一样的固定基础上，而是建立在不断扩大的纸币基础上，是一个真正的纸气球。一般来说，过去所有这些方法都被用来资助战争，气球越是扩散，战争就越长。相反，只要一个国家恢复了以黄金为支**撑的**货币或金属货币，战争就会很快结束。现金是治疗战争的一剂良药!没有真金白银就意味着没有战争，没有冒着叛乱的风险直接征收的巨额税款。

美国有一段时间是真正的自由，这要感谢托马斯-杰斐逊的天才，他看到世界进入了一个以贵族为幌子的奴隶制时期。他了解纸币的作用，他了解中央银行的预期作用。他知道纸币是一种偷窃的许可，而中央银行只是一种机制，通过这种机制，这种许可被发放并被严重扩展。他还知道，无担保的纸币是奴隶制的同义词。

当**你**抢劫一个人，而他却无能为力时，这就是奴隶制。杰斐逊看到，贵族们关于中央银行的建议是黑暗时代贵族控制农民的翻版。

安德鲁-杰克逊总统继续为废除中央银行进行痛苦的斗争，尽管有

种种障碍，他还是成功地做到了。美国进入了一个经济迅速扩张的时期，证明了杰斐逊和杰克逊的正确性。美国国家已经从寄生虫的枷锁中解放出来；它可以自由地生产其才能所允许的大量实际财富，但更重要的是，它被允许保留其劳动成果。这一切随着《联邦储备系统法》的颁布而改变。我希望你们记住，联邦储备系统在1914年白手起家，没有一分钱，然而到1939年，例如，该系统已经收获了23,141,456,197美元的利润。一分钱都没有给人民政府，它不拥有该银行的任何股份！"。(这些数字来自*国会记录*，1939年5月19日，第8896页）。

贵族窃取我们的劳动成果的道路已经打开，就像他们在中世纪窃取欧洲农民的劳动成果一样。在第一次世界大战和第二次世界大战中，美国士兵被派往欧洲和太平洋地区进行血腥的战争，以维护银行家的贷款和延续1913年联邦储备法强加的奴隶制。

杰斐逊解释说，作为一个国家，我们面临着两个敌人：一个外部的敌人和一个内部的敌人。杰斐逊和林肯都断言，内部的敌人对我们的共和国和我们的自由构成最大的危险。当美国的注意力被引向**两者中更明**显的那一个，也就是今天所谓的 "全球恐怖"时，贵族们变得更加强大，甚至更有力量，直到2007年，是秘密贵族对我们这个基于自由的共和主义理想的国家的存在**构成了可怕的危**险。而这样做的方式总是通过纸币。

还记得摩根和他在1907年的小萧条之后提出了一个预告性的口号，即只要政府同意建立一个中央银行，小老百姓就不会再面临银行倒闭的问题。好吧，让我们看看后来发生了什么。

统计数据显示，自1913年我国成立中央银行以来，倒闭的银行比我们历史上任何时候都多!更糟的是，从那时起，我们就成了义务人，因为我们每个人都欠着利息，而当我们欠着利息时，我们就有了义务，而有了义务的人当然就是奴隶了。

是什么**使奴役成**为可能？当然，它是纸币！

贵族们的反应是制造更大的预算赤字，这些赤字会激增，从而增加无担保纸币的供应，这样少数人就可以在牺牲人民利益的情况下变得更加富有。当民兵导弹项目的巨大成本超支被曝光后，洛克希德收到了一大**笔政府**拨款，这正好可以支付菲茨杰拉德披露后不得不支付的巨额法律费用。

这是一个关于内部敌人的例子。我们不需要像惧怕内部敌人那样惧怕远方的敌人。如果有必要，国家可以在短时间内集结巨大的资源，打败任何外部敌人。我们在第二次世界大战中证明了我们有能力做到这一点；只有历史会证明我们打错了敌人！那**么，美国所参与的**战争的真正目的是什么？

是为了抵御原始的半野蛮人和他们弱小的文化，例如像越南人这样的人吗？不，这是为了转移我们对真正的敌人，即侵扰我们国家身体的寄生虫的注意力，就像封建领主将敌意向外转移和拒绝，远离自己，转向一个假想的危险。罗马帝国总是出于同样的目的挑起对外战争。

从地理上看，美国相对安全，不会受到入侵，而且我们有技术来保护自己免受敌人可能拥有的一切。但是发生了什么？贵族们通过他们的雇佣兵如罗伯特-麦克纳马拉采取行动，迫使我们放弃了对洲际导弹的最佳防御。是的，我们放弃了我们的盾牌。

在犹豫了多年并反对这个想法之后，麦克纳马拉，这个贵族中的雇佣兵，拒绝将国会拨款用于我们最好的粒子束武器，这些武器可以放置在太空中，从那里可以炸毁所有瞄准美国的敌方导弹，在它们到达目标之前！。

你会认为会有很多人吵着要安装这样的防御系统。相反，同样的人在麦克纳马拉的带领下，在全国各地宣扬反对射线枪的仇恨大合唱！而媒体宣布这些武器是他们所谓的

"未来主义"，好像这就是一种犯罪！"。*新闻周刊》*，内部敌人的喉舌，称光束武器为
"星际战争"!让我们再来看看贵族的雇佣兵。亨利-基辛格。

基辛格多年前就**离开了**办公室，但他仍然秘密地指导着国家的外交政策。*时代》*杂志报道说，他是白宫的一个有影**响力的**访客。基辛格说他是梅特涅亲王的忠实崇拜者。由于奥地利历史不是我们学校的热门科目，很少有美国人知道他代表什么。**梅特涅是**19
世纪的奥地利总理，是封建主义的忠实信徒。门罗总统正是针对这个专制暴君，提出了著名的门罗主义。

罗伯特-麦肯锡在他的《*19th
世纪；历史》*一书中，这样评价梅特涅

> 他（奥地利皇帝弗朗西斯）的政府理论不仅不受民众的干扰，而且还不受民众的批评。他不允许思想或言论自由；他让他的人民处于卑微的服从状态，认为这是为他们自己好。

> 他对新闻界实行严格的审查制度，并对所有来自国外的印刷品进行审查，以便外国煽动者不会扰乱没有思想所应产生的幸福安宁。他支持一个精心划分的秘密警察系统，如果不幸的是，自由主义的传染病传到他的人民那里，他就会及时得到警告。

> 在他采取的所有措施中，为了压制他的人民的智慧，并保持无知的忠诚，他认为没有这种忠诚就不可能有政府，他得到了他精明和不择手段的大臣梅特涅亲王的有力支持；人类中从未存在过比皇帝的生命结束时更绝对的专制主义。

现在你知道，如果基辛格得到这个国家的绝对权力，他会对我们做什么。正是基辛格向门罗主义吐口水，用蹄子践踏门罗的坟墓。我指的是我们美国历史上的一个可耻污点，即福克兰群岛战争，当时我们在英国女王对阿根廷的战争中站在**她**一边。

我们背叛了杰斐逊、杰克逊和门罗。我们破坏了自己的历史和政治传统，破坏了我们签署的《里约条约》，该条约规定我们必须击退所有冒险进入本半球的攻击者。我们已经向世界表明，我们是一个不可靠的盟友，不被信任去履行我们的书面义务--

而我们又通过海湾战争和摧毁塞尔维亚再次做到了这一点！我们是一个不可靠的盟友。支付这些可耻的冒险的钱从**哪里来？它来自印**钞机，可以凭空印钱!

反对战争是一项困难的、孤独的、往往是危险的工作。当战争歇斯底里的时候，银行家们就开始大肆宣扬他们的爱国主义精神。任何不加入战争喧嚣的人都被贴上　"不爱国"的标签。我不是在说那些因错误的原因而反对战争的小部分人，那些追随简-

方**达的人，他**们利用越战来宣传社会主义；他们可以用应有的蔑视来否定他们。我说的是真正的爱国者，他们会审视战争的真正动机，发现它不过是为银行家争取贷款和使贵族阶层致富的一种手段。

当然，也有少数时候，战争是为了真正的自由而进行的，如美国独立战争和南非的布尔战争，但这些都是罕见的。打败现在为下一场战争制定的计划的最好办法是逐步淘汰和免除无担保的纸币，并恢复以黄金为基础的货币，以每**盎司**700美元的黄金为基础。那么我们真的需要平衡预算。尽管**两党国会**议员大声疾呼，但银行家们对实现这一目标毫无兴趣。他们利用他们的雇佣兵来制造平衡预算的噪音，但这都是虚张声势和假象。

如果我们通过平衡预算来消除赤字，这将导致利率的急剧上升。真正财富的创造者，我们人民，将不再那么容易被剥削，因为政府将不能经常求助于印刷厂来获得它所需要的钱。相反，政府将不得不像企业一样到同一个市场去借钱，这在一段时间内会使利率消失。华尔街不会很快从这样的雷声中恢复过来。

政客们为争取选票继续执政而使用的空洞说辞将被立即行

动所取代。政府将面临强大的压力，要抓紧时间平衡预算，以便不再需要借贷。浪费的军事效率低下将被制止。反对者非但没有被诋毁，反而会被誉为英雄!我们必须尊重宪法，停止不宣而战的战争，这不符合我们的利益。不再有像韩国、越南、南斯拉夫和海湾战争那样不宣而战的战争。如果我们有一天要为维护我们的自由而战，政府必须把这个问题交给人民，而不是宣传。

我们必须辩论所有的问题，并决定采取什么行动方案，如果是战争，就让它被称为战争，而不是北部湾决议。现在我们是一个帝国，让我们用它的正确名称来称呼我们的军队，即战争部，而不是国防部! "。**另外，在**这个时候，政府必须告诉人民如何支付战争的费用。不再有以纸币为手段的战争。这必须结束!不再有让我们卷入战争为银行家谋取利益的潜规则了! 。不再有海湾战争。让我们超越阴谋。

例如，当美国军队第一次不请自来地进入越南时，其借口是他们要去帮助救治洪水。他们留下来了，战争随之发生。必须按照克劳塞维茨的定义来认识战争："战争是政治通过其他手段的延续"。

越南在没有正式宣战的情况下，进入了大规模的隐藏和欺骗状态。当人们认为它可能过早结束时，基辛格延长了它。基辛格**拖延了巴黎**   "和平"谈判，同时将拖延归咎于越南。

这使得银行家们在利润方面值得他们去做。这种拖延使我们更多的人在绞肉机中死亡;这似乎并不重要。

战争给银行家带来了巨大的利润。罗斯柴尔德从内战中赚了**40亿**美元。没有人知道两次世界大战、韩国和越南的战果有多大。可以肯定的是，在我们说话的时候，下一场战争正在计划之中（政府正在做，否则为什么要谈兵役？）双方的银行家都无意于破坏对方的资产。在两次世界大战中，都有一个不成文的协议，即出于同样的原因不轰炸军工厂。

下一场战争将是另一场   "一半一半
"的战争。如果你对此有任何怀疑,看看中东已经发生了什么。**如果美国要介入中东**,那么总统必须向这个国家的人民表明,我们到底有什么法律依据来发动战争。他还必须告诉我们将花费多少,以及我们将如何支付。然后,国会必须宣战,并派我们的部队进入,目的是尽快赢得战争。

事实证明,纸币和1694年以来的**每一**场战争都有联系。以1915年至1917年这段时间为例,我们看到纸币的供应量大增,同时其购买力急剧下降。除了1776年的战争是个明显的例外,战争的组织不是为了公共利益,而是为了那些撰写立法和获取利益的人的利益,如果贵族们通过纸币战争享受的巨大优势被取消,那么突然就没有什么理由发动战争了,事实上战争会变得不受欢迎。

安德鲁-
杰克逊与黑人贵族、欧洲和美国的银行家们对抗,并打败了他们。他坚守宪法,推翻了货币兑换商的桌子,正如基督在他之前所做的那样。他并不惧怕最高法院。

当马歇尔法官作出违宪裁决时,杰克逊说:*"马歇尔已经作出了他的决定,现在让他来执行"*。杰克逊承认,最高法院不能凌驾于宪法之上,而我们人民是唯一能够执行宪法的人。后来,马歇尔看到了自己的错误,得出了同样的结论。没有纸币,美国就不会参加这两次世界大战。我们没有理由介入。

参议院是这么说的。在对第一次世界大战的原因进行彻底调查后,它公布了第346号文件,我引用其中的内容。

> *他们的责任完全在国际银行家的肩上。数以百万计濒临死亡的人的鲜血就在他们的头上。*

在那场战争中,大约有1200万人死亡。奈伊委员会和西森委员会认为,我们没有充分的理由在1917年将我们的军队派往欧洲。在英格兰银行确立使用无担保的纸币之前，英国人从未被称为是一个具有侵略性或好战的国家。然后，英国打了一场又一场的战争，成为欧洲的"赌徒"，如下表所示。

➢ 1689-1697年威廉国王的战争

➢ 1702-1713年**安妮女王的**战争

➢ 1739-1742年詹金斯耳战

➢ 1744-1748年乔治王战争

➢ 1754-1763年法国和印第安人战争

➢ 1775-1783年美国革命

➢ 1793-1801年 反对法国革命的战争

➢ 1803-1815年拿破仑战争

英国唯一没有赢得的战争是美国革命，这可能有助于解释为什么贵族们在长期成功后输给美国殖民者会如此震惊。

从1689年到1815年，英国打了126年的仗，虽然在这段时间里**她确**实没有上过战场，但我们可以认为她在打仗，因为在军队没有上战场的这几年里，她在准备打仗。

同样，在纸币问世之前，美国也不是一个具有侵略性的国家，然后我们两次参战，并参加了两场我们没有理由参与的战争。我们在没有挑衅的情况下两次袭击了德国。

1934年发表的《参议院*奈报告*》指出，美国绝对没有理由在1917年加入战争。从那时起，大卫-洛克菲勒就**确保没有**发表关于第二次世界大战和美国参与战争的此类报告。在1945年敌对行动结束后，洛克菲勒立即委托CFR编写的一份文件中指出，CFR不希望看到对欧洲第二次**开**战的原因进行任何讨论，就像第一次世界大战后的情况一样。它委托编写了三卷本的二战史，以压制那些可能试图揭露真实情况的历史学家。只有一种方法，贵

族们可以让各国再次为他们开战，那就是使用无担保的法定货币，比如我们在美联储的纸币中冒充
"美元"，我已经努力向你们表明，这是一种暴政的工具。我们必须加倍努力，重新获得美国人在1776年给这片大陆带来的自由。

今天，在2007年，我们并不享有自由。作为传统的守护者，我们必须尽我们所能去启迪我们的同胞，使我们的奴隶地位被尽可能多的同胞所理解。如果有必要，我们必须毫不犹豫地唤醒1776年的精神。当我们的人民不满意的时候，迫使政府改变是我们的宪法权利。美国是自由的最后堡垒，但我们的自由正迅速被国内敌人蚕食，如果我们人民相信美国值得拯救，那么我们就有权利和义务采取必要的措施来纠正我们不喜欢的东西。不要把你的儿子和女儿送入**另一**场由纸币促成的战争中去！"。让我们下定决心超越这个伟大的阴谋，揭穿它真正的巨大骗局。

已经出版

OMNIA VERITAS LTD 提出了：

作者：约翰-科尔曼

阴谋家的等级制度
300人委员会的历史

这个反对上帝和人类的公开阴谋包括对大多数人类的奴役

OMNIA VERITAS LTD 目前：

作者：约翰-科尔曼

撒谎的外交
英国和美国政府的背叛行为记述

联合国的创建历史是一个通过谎言进行外交的典型案例

OMNIA VERITAS LTD 目前：

罗思柴尔德王朝

作者：约翰-科尔曼

历史事件往往是由一只"隐藏的手"造成的。

www.ingramcontent.com/pod-product-compliance
Lightning Source LLC
Chambersburg PA
CBHW071126280326
41935CB00010B/1123